国内外经典教材辅导系列·教育类

吴式颖《外国教育史教程》
（第3版）
笔记和典型题（含考研真题）详解

主编：圣才考研网
www.100xuexi.com

中国石化出版社

内 容 提 要

本书是吴式颖主编的《外国教育史教程》(第3版)的学习辅导书。本书遵循该教材的章目编排，共分26章，每章由两部分组成：第一部分为复习笔记，总结本章的重难点内容；第二部分是典型题(含考研真题)详解，精选部分与教材相关的典型习题及参考价值较高的考研真题(含全国统考和高校自主命题)，并提供详细解答。

圣才考研网(www.100xuexi.com)提供吴式颖《外国教育史教程》电子书、题库。购买本书享受大礼包增值服务【本书电子书+配套题库(手机版、电脑版)】。手机扫码(本书封底)领取本书大礼包。

图书在版编目(CIP)数据

吴式颖《外国教育史教程》(第3版)笔记和典型题(含考研真题)详解/圣才考研网主编.—北京:中国石化出版社,2021.7

国内外经典教材辅导系列·教育类

ISBN 978-7-5114-6389-0

Ⅰ.①吴… Ⅱ.①圣… Ⅲ.①教育史-国外-研究生-入学考试-自学参考资料 Ⅳ.①G519

中国版本图书馆CIP数据核字(2021)第142806号

中国石化出版社出版发行

地址:北京市东城区安定门外大街58号

邮编:100011 电话:(010)57512500

发行部电话:(010)57512575

http://www.sinopec-press.com

E-mail:press@sinopec.com

武汉市盛宏源印务有限公司印刷

全国各地新华书店经销

*

787×1092毫米16开本12印张295千字

2021年11月第1版 2021年11月第1次印刷

定价:52.00元

序　　言

我国各大院校一般都把国内外通用的权威教科书作为本科生和研究生学习专业课程的参考教材，这些教材甚至被很多考试(特别是硕士和博士入学考试)和培训项目作为指定参考书。为了帮助读者更好地学习专业课，我们有针对性地编著了一套与国内外教材配套的复习资料，并提供配套的名师讲堂、电子书和题库。

吴式颖主编的《外国教育史教程》(第3版)是我国高校采用较多的教育学经典教材。作为该教材的配套辅导书，本书具有以下几个方面的特点：

1. 整理名校笔记，浓缩内容精华

每章的复习笔记以吴式颖主编的《外国教育史教程》(第3版)为主并结合其他外国教育史教材对本章的重难点知识进行了整理，并参考了国内名校名师讲授《外国教育史》的课堂笔记，因此，本书的内容几乎浓缩了经典教材的知识精华。

2. 解析典型习题，巩固重点知识

本书精选部分与吴式颖《外国教育史教程》(第3版)相关的典型习题，并进行了详细的分析和解答，对相关重要知识点做了一定的延伸和拓展。

3. 精选考研真题，培养应试能力

为了强化对重要知识点的理解，本书精选部分参考价值较高的考研真题(含全国统考和高校自主命题)，并提供详细解答。这些题目基本体现了各个章节的热点和难点。

要深深牢记：第一，目前，部分高校研究生院往往会给考研专业课的复习指定一些参考书目，作为备考考生，这些参考书目无疑是最重要的复习对象，但是，研究生入学考试作为一种筛选具有科研潜力的人才的选拔性考试，这一属性决定考生仅仅把对专业知识的了解与掌握拘囿于一、两本参考书目是远远不够的，必须是对该专业的学术体系有一个整体性的了解，基于此，本书对笔记的编写和题目的选择融合了整个学科的重要资源，而不是只以一本教材作为依据。第二，考研不同一般考试，概念题(名词解释)要当作简答题来回答，简答题要当作论述题来解答，而论述题的答案要像是论文，有的论述题的答案简直就是一份优秀的论文(其实很多考研真题就是选自一篇专题论文)，完全需要当作论文来回答。总之，答得多不扣分，答得少则可能漏掉采分点！

购买本书享受大礼包增值服务。手机扫码(本书封底)领取本书大礼包。具体包括：①本书电子书；②配套题库(手机版、电脑版)。

圣才考研网(www.100xuexi.com)是圣才学习网旗下的考研考博专业网站，提供全国各高校教育类专业考研考博辅导班、电子书、题库、全套资料(历年真题及答案、笔记讲义等)、国内外经典教材名师讲堂、考研教辅图书等。

考研辅导：kaoyan.100xuexi.com(圣才考研网)

资格考试：www.100xuexi.com(圣才学习网)

圣才考研网编辑部

目　录

第一编　古代教育史

第二编　近代教育史

第三编　现代教育史

第一编　古代教育史

第1章　教育的起源与史前的教育

1.1　复习笔记

【知识框架（庖丁解牛）】

- 教育的起源与史前的教育
  - 教育的起源
  - 史前教育概况
    - 史前各个时期的教育概况
    - 原始社会教育的特征

【考点归纳（游刃有余）】

考点一、教育的起源

表1-1　教育的起源

要点	具体内容	简要分析
教育的生物学起源论	①法国利托尔诺在《各人种的教育演化》中认为，动物会将“知识”与“技巧”传授给幼小的动物，这种生存竞争本能是教育的基础。 ②英国沛西·能认为教育是适应种族需要的天生的而非后天获得的本能的行为	实质上都将教育看作一种无意识、无目的的活动。教育的生物学起源论虽然强调人与动物的关系，但是否认二者的本质区别；教育的心理学起源论注意到模仿在儿童学习中的重要性，却忽略了成人在儿童教育中的引导作用
教育的心理学起源论	美国孟禄在《教育史教科书》中认为，在原始社会时期，社会和个体的教育都是“最非理性的”和“单纯的无意识的模仿”，原始人类通过观察－模仿－尝试－成功的过程而获得技巧	
教育的劳动起源论	①由恩格斯的劳动创造人以及人类社会起源于劳动理论直接推导出。 ②原始社会时期，有经验的长辈对年轻一代传授制造工具和使用工具的知识经验，教育就产生了	都将教育视为人类有意识、有目的的活动，认为教育是个体社会化的过程，为了促进个体的形成、发展、完善以及社会关系的形成
教育的需要起源论	①杨贤江最早提出“需要起源论”。 ②原始社会形成的一些集体习惯、行为准则、仪式风俗等也和劳动经验一样通过教育活动传授给下一代，这些都是原始人类在社会生活中的实际需要	

考点二、史前教育概况

1. 史前各个时期的教育概况

表 1－2　史前各个时期的教育概况

要点	具体内容
前氏族时期	成年人在生产劳动中向年轻一代传授生产和生活经验
母系氏族时期	①幼小儿童统一由妇女负责照料和教育。 ②七八岁以后的男女儿童按劳动分工分别接受教育，包括社会生活知识和宗教道德教育。 ③出现教育机构的雏形"青年之家"
父系氏族时期	①教育由父系大家庭承担，仍具有公育的意味。 ②教育内容中增加了伦理道德、军事体育，儿童在成人时举行"成丁礼"（或称"青年礼"）等仪式
军事民主制时期	①军事教育的地位提高，重视道德与精神教育。 ②阶级教育萌芽，脑力劳动与体力劳动逐渐分离

2. 原始社会教育的特征

表 1－3　原始社会教育的特征

要点	具体内容
基本特征	①教育无阶级性，教育权平等。 ②对儿童实行公养公育
教育内容	①传授生产劳动知识和技能。 ②传授社会意识
教育方法	①没有文字、教科书、学校及专职教师。 ②注重成人的榜样、讲述、奖惩以及儿童自己的活动、观察、模仿
发展趋势	①在原始社会末期开始分化，性质改变。 ②产生文字和学校的萌芽

1.2　典型题（含考研真题）详解

简答题

1. 简析关于教育起源的几种代表性观点。

答：针对教育起源问题，中外学术界持有不同的看法。具有代表性的观点有如下四种：

（1）教育的生物学起源论

教育生物学起源论是产生并流行于十九世纪下半叶的代表性观点，体现出庸俗进化论在教育起源问题上的反映。代表人物有法国哲学家利托尔诺、美国心理学家桑代克和英国教育学者沛·西能等。

①利托尔诺在《个人种的教育演化》中认为教育产生于人类出现以前的动物界，动物会将"知识"和"技巧"传授给幼小的动物，这种生存竞争本能是教育的基础。

②沛·西能认为教育从起源来说是一个生物学过程，是适应种族需要的天生的而非后天获得的表现形式，是扎根于本能的行为。

(2)教育的心理学起源论

孟禄不赞同利托尔诺的观点，认为它未能揭示出人的心理与动物心理的本质区别。在著作《教育史教科书》中，孟禄主张原始社会时期的社会教育与个体教育的发生都是“最非理性的”和“单纯的无意识的模仿”，可以通过观察和尝试成功的方法不断模仿而获得技巧。

(3)教育的劳动起源论

①这一观点最早由苏联学者提出并且被我国学术界广泛接受，它由恩格斯的劳动创造人以及人类社会起源于劳动理论直接推导出来。

②劳动起源论认为劳动实践是人们认识的主要源泉，有经验的长辈对年轻一代传授制造工具和使用工具的知识经验，教育就在传授劳动经验时产生。

(4)教育的需要起源论

这一理论由我国早期马克思主义教育理论家杨贤江先生最早提出，主张原始社会形成的一些集体习惯、行为准则和仪式风俗等也和劳动经验一样需要通过教育活动传授给下一代，教育起源于社会生活实际的多方面需要。

2. 史前教育的基本特点是什么?

答: 原始社会是人类社会的第一种形态。在原始社会里，教育活动一般是与生产活动、家庭生活、宗教仪式，以及禁忌活动等融合在一起的。从总体情况来看，这一时期的教育活动还是处于初级的阶段，它是与原始社会的发展水平相适应的，是与人的生存密切联系的。其基本特点主要有以下几点:

(1)史前人类的教育是与社会生活分不开的，模仿成为教育的主要学习方式。

(2)教育的内容日益多样和复杂。

(3)儿童作为社会的成员逐步受到重视，儿童公有公育成为这一时期教育的主要特点。

(4)与性别有关的男女儿童的教育，特别是男孩的教育成为教育者关注的问题。

第2章　东方文明古国的教育

2.1　复习笔记

【知识框架(庖丁解牛)】

- 东方文明古国的教育
  - 两河流域的教育
    - 两河流域早期的教育
    - 巴比伦时期的教育
  - 古代埃及的教育
  - 古代印度的教育
    - 婆罗门时期的教育
    - 佛教教育
    - 婆罗门教育与佛教教育的异同
  - 古代希伯来的教育
    - 第一时期的教育
    - 第二时期的教育
  - 古代东方文明古国教育的特点

【考点归纳(游刃有余)】

考点一、两河流域的教育

1．两河流域早期的教育

表2－1　两河流域的早期教育

要点	具体内容	
学校的由来	①产生的条件是文字的发明、泥板的广泛使用以及科学的发展。 ②产生的渊源是古代两河流域的人们将知识视为神赐，只有祭司才能享有，传习知识是僧侣的特权。 ③祭司首先发明并使用苏美尔文字，寺庙的财产需要人管理，学习文字和符号的要求使得训练书吏的学校产生	
教学内容及方法	内容	①重视语言，尤其是书写能力(训练书吏)。 ②阅读、翻译和计算
	方法	①教师先在潮湿的泥板上写上字，由学生临摹。 ②上课方式主要是抄写和背诵长串的单词或词组，也包括数学或文书
考古最早遗迹	20世纪30年代，法国考古学家帕拉在幼发拉底河畔南部的马里城挖掘出一所约公元前2100年的学校遗址	

2. 巴比伦时期的教育

表 2－2　巴比伦时期的教育

要点	具体内容	
学校形制（尼布甲尼撒二世时期）	初级教育	主要教授读写
	高级教育	除学习读写外还要学习文法、苏美尔文学、祈祷文
教学内容	出于培养管理人才的需要，书吏需要学习天文学、数学、有的还学习占星术、医学，甚至炼金术	
教学方法	学生先观察教师的操作，之后在教师的指点下自己动手操作，教师则随时纠正错误	

考点二、古代埃及的教育

表 2－3　古代埃及的教育概况

要点	具体内容	
学校类型	宫廷学校	法老在宫廷中设立，以教育皇族和朝臣子弟为宗旨，学生学习期满接受适当的业务锻炼以后就被委任为官吏
	僧侣学校（寺庙学校）	中王国以后出现的附设在寺庙中的学校，注重科学技术教育，也是学术中心
	职官学校（书吏学校）	创办于中王国时期，训练一般的能从事某种专项工作的官员，修业期 12 年
	文士学校	主要培养能熟练运用文字从事书写及计算工作的人。与僧侣学校和职官学校相比级别较低，招收人数较多，放宽了出身限制，修业期限有长有短
教学内容与方法	教学内容	①宫廷学校的教学内容无法考证。 ②僧侣学校以较高级的天文学、数学、建筑学、水利学、医学及科学为主。 ③职官学校包括普通文化课程及专门职业教育，官吏担任老师。 ④文士学校一般教授书写、计算、有关律令的知识，有的还教授数学、天文和地理之类，书写科目最重要
	教学方法	教师惯用灌输和体罚，施行体罚正当、合理

考点三、古代印度的教育

1. 婆罗门时期的教育

表 2－4　婆罗门时期的教育

要点	具体内容
公元前 6 世纪以前	教育的对象是婆罗门等高级种姓，教授婆罗门教义，以维持种姓压迫和培养宗教意识为核心任务，故称为婆罗门教育
公元前 9 世纪以前	以家庭教育为主，主要学习用梵文写的《吠陀》经。学习方法机械、神秘、烦琐，主要靠背诵
公元前 8 世纪以后	出现“古儒学校”，即在家庭中兴办的婆罗门学校，教师被称为“古儒”，儿童入学后迁居古儒家中，学习年限一般为 12 年，学习内容主要为《吠陀》，以语音、韵律、文法、字源、天文和祭礼六科为基本训练；采用类似于“导生制”的方法进行教学，体罚很常见

2. 佛教教育

表 2-5　佛教教育

要点	具体内容
出现时间	公元前 6～前 5 世纪左右
教育场所	寺院不仅是教育机构，也是学术机构
教育目的	培养僧侣
学习内容	佛教经典
学习方法	①初级阶段，以教师口授和学生记诵为主。 ②高级阶段，教学采用了争辩和议论的方法
学习期限	僧徒学习 12 年，合格者为“比丘”，女僧学完后称为“比丘尼”

3. 婆罗门教育与佛教教育的异同

表 2-6　婆罗门教育与佛教教育的异同

要点	具体内容	
异	婆罗门教育	私立教育，教师是婆罗门种姓，教育对象多为婆罗门子弟，具有强烈贵族性，采用口授法及导师制的教育方法
	佛教教育	依傍于寺院的教育，教师是佛教僧侣，教育对象较为广泛，具有平民性，采用将教授、讲解及个人钻研经典相结合的教育方法
同	①教育目的与人生目的相同，通过道德陶冶使每个人都能减少乃至彻底摒除尘世迷惑，在精神或灵魂方面“得救”或“解脱”。 ②内容大多消极、遁世的。 ③都在一定程度上阻碍了印度社会的变革和科学的发展。 ④不包含医学、天文学、数学等自然科学的教育，自然科学在宗教学校或寺院以外由学者私人传授	

考点四、古代希伯来的教育

1. 第一时期的教育

表 2-7　第一时期的教育

要点	具体内容
本时期起止	摩西带领百姓出埃及(约公元前 14～前 13 世纪)至公元前 586 年犹大国被巴比伦所灭
教育形式	以家庭教育为主，希伯来人一般以家庭为子女受教育的场所
教师	父亲既是家庭的祭司，又是子女的教师
教育内容与目标	以民族传说、宗教信仰和祖先的训诫为内容，用《圣经·旧约》来教导子女，以培养宗教信仰为最重要的目标
教育方法	家长制具有较多民主色彩，注重父子之间的亲情和说服感化，采取积极影响的方式教育儿童

2. 第二时期的教育

表2-8　第二时期的教育

要点	具体内容
本时期起止	公元前538年希伯来人重返家园至公元1世纪被罗马帝国吞并
教育形式	发展学校教育，最早的初级学校是在犹太会堂之外的房舍，学校从会堂中分离出来之后形成较完备的教学制度
教育内容	①男童6岁入初级学校，6～10岁间学习《圣经》和简单的读、写、算。10～15岁儿童主要学习解释《圣经》的著作《密西拿》。 ②15岁以后，主要学习解释《圣经》的著作《革马拉》，相当于中等教育。 ③属于高等教育范畴的有培养僧侣的学校，教授宗教理论和法律理论，并训练主持宗教活动的能力
教育方法	①教师以口授方式指导儿童高声诵读经书语句。 ②教师在教学时鼓励儿童发问。 ③教师指派年长的儿童帮助后进儿童或让聪明的儿童帮助年长且迟钝的学伴。 ④学校管理很严，常施惩戒责罚

考点五、古代东方文明古国教育的特点

表2-9　古代东方文明古国教育的特点

要点	具体内容
产生时间	文字、科学知识以及学校教育均为世界最早
总体特征	与古代东方各国的社会政治和经济结构相适应，具有强烈的阶级性和等级性
教育内容	包括德育、智育和宗教教育等，反映了统治阶级和社会进步的需要
教育机构	种类繁多，形态各异，森严的等级性与强大的适应力并存
教育方法	虽有创新之举，但总体简单，没有正规的教学组织形式
社会影响	教师地位高，不同于后世古代希腊罗马学校教师地位卑下的情况
历史影响	文明古国历史的中断导致文化教育在本土失传或断层，唯有中国文化及其教育古老而绵延不绝

2.2　典型题（含考研真题）详解

一、单项选择题

1. 古代印度婆罗门教育与佛教教育的主要区别是（　　）。［统考2020年研］

A. 婆罗门教育具有贵族性，佛教教育具有平民性

B. 婆罗门教育的目的在于道德陶冶，佛教教育在于信仰教育

C. 婆罗门教育的主要是市场所是“古儒学校”，佛教教育主要在寺院

D. 婆罗门教育的内容大多是积极的、入世的，佛教教育大多是消极的、避世的

【答案】A

【解析】A项，婆罗门教育的对象主要是婆罗门等高级种姓，具有贵族性。佛教则反对种姓制度，主张“四姓平等”，具有平民性。B项，婆罗门教育的目的是维持种姓压迫和培

养宗教意识，其余佛教教育都是信仰教育。C 项，两种教育的地点都是在宗教场所，但市场与教育对象相同。D 项，两种教育都是消极的、避世的。

2．开设宫廷学校、寺庙学校、职官学校和文士学校以培养各类人才的文明古国是(　　)。[统考 2019 年研]

A．巴比伦　　B．古代印度　　C．古代埃及　　D．希伯来

【答案】C

【解析】宫廷学校、僧侣学校(寺庙学校)、职官学校和文士学校是古埃及的学校类型。

二、名词解释

文士学校[华东师范大学 2003 研]

答：文士学校是古美索不达米亚和古埃及培养文士的学校。文士学校较宫廷学校和寺庙学校低级，招收人数较多，对出身限制稍宽，培养能熟练运用文字从事书写及计算工作的人。这种学校分传授基础知识和定向培养两阶段进行。其教学内容为语言、文学、数学、司法知识等；教学方法为机械的抄写背诵、严酷体罚。在古埃及，学童一般 5 岁开始学习阅读、习作、算术、几何、祈祷文和神话，持续 12 年，准备做使节或译员的学生需学习巴比伦文。专科学校还学习天文学和医学。这种学校教育靠收费维持，贫寒家境的学生即使上了也无法维持长久。

三、简答题

1．简述文明古国巴比伦、埃及、印度和希伯来教育的共同特征。[统考 2015 年研]

答：巴比伦、埃及、印度和希伯来同属古代东方文明古国，它们的教育发展大致具有以下的特点：

(1)作为世界文化的摇篮，东方产生了最早的科学知识、文字以及学校教育，无论是史料记载或考古发掘都证明了这一点。

(2)各国(或不同地区)的教育及不同时期的教育各有其特征。总的来说，与当时的政治、经济结构相应，教育具有强烈的阶级性和等级性，学校主要招收奴隶主子弟，并按教育对象的等级、门第而被安排进入不同的学校。

(3)教育内容较丰富，包括智育、德育及宗教教育等，既反映了统治阶级的需要，也反映了社会进步及人类多方面发展的需要。

(4)与教育内容的繁复相应，教育机构的种类繁多，形态各殊，有助于满足不同统治阶层的需要，既有森严等级性，也具有强大的适应性。

(5)各国通过丰富的教育实践，在教育方法上不乏创新之举，但总的来说，教学方法简单，体罚盛行，实行个别施教，尚未形成正规的教学组织。

(6)教育常常成为统治阶级的专利，故教师的地位较高。

(7)文明及文化教育甚为古老，但失于早衰或有过断层期，在此基础上可以说是源远流长。

2. 奴隶社会教育与原始社会教育的主要区别在哪里?

答: 原始社会教育与奴隶社会教育的区别体现在以下几点:

(1)原始社会教育无阶级性，教育权利平等，人人都具有平等受教育的权利；奴隶社会教育具有鲜明的阶级性和等级性，有的国家和民族如古印度、古希伯来的教育还具有鲜明的宗教性。

(2)原始社会教育活动在生产生活中进行，教育活动与社会生产劳动、社会生活融为一体，直接为生产和生活服务；奴隶社会教育与生产劳动相分离，在专门的场所进行，学习间接经验，与生活、生产活动脱离。

(3)原始社会教育无组织、还处在原始状态，没有专门的教学场所和专职从事教育的人员；奴隶社会教育组织形式以个别教学为主，有专职的教师，没有形成系统的学校教育制度。

(4)原始社会教育出于氏族成员身心发展的需要对其进行教育训练，培养合格的氏族成员；奴隶社会教育则是为了培养统治阶级所需要的人才。

3. 如何看待“西方中心论”?

答: 人类文明(包括文化教育)的发展是多元的，其发展的基石和中心是东方文明，而不存在所谓的多中心或是西方中心。

(1)人类文明的发展不存在多中心

人类文明的发展，包括文化教育方面的发展在内是以亚非国家为代表的东方文明为起源的，东方文明是最初的中心，并由此而传向世界各地。人类文明兴起于东方，又在东方得到充分的发展，继而通过各种媒介向西方和全世界各地传播，使得世界各地文明的发展或多或少都带有东方文明的气质和特点。

东方产生了最早的科学知识、文字以及学校教育，并由此将科学文化知识和学校教育进一步发扬光大，丰富完善，对其他地方产生影响和作用。在此条件之下，其他文明则出于模仿或者崇拜的心理将东方文明保存、继承以及发挥，并进行一些改造才形成自身的特色，建立起自身的一套体系。但是这种文明的起源或者积淀仍然以东方文明为基石和中心。

(2)对“西方中心论”的看法

所谓的“西方中心论”，主要是一些西方学者以文明起源者的高度赞誉来推崇西方模式，认为西方文明具有优越性，创造了丰富的物质文明和精神文明。在开创现代文明和资本主义制度之后，西方文明进入鼎盛时期，成为全世界各国膜拜和学习的对象。

相反，此时的东方文明已呈现衰败的景象，这使得一些学者急欲提出“西方中心论”来强调西方文明的重要性和发源性。他们没有从历史的观点来看待文明问题，殊不知东方文明开启了整个时代，没有东方文明的起源和传播，就没有整个世界的繁华。

所以，“西方中心论”的观点是片面的。

第3章　古希腊的教育

3.1　复习笔记

【知识框架(庖丁解牛)】

- 古希腊的教育
  - 荷马时期的教育
  - 古风时期的教育
    - 斯巴达教育
    - 雅典教育
    - 毕达哥拉斯的教育思想
  - 古典时期的教育
    - 智者与教育
    - 希腊学校的变化
  - 希腊化时期的教育

【考点归纳(游刃有余)】

考点一、荷马时期的教育

表3－1　荷马时期的教育

要点	具体内容
教育方式	学校尚未出现，在实际的生活过程中对儿童和青少年进行教育，儿童和青少年通过参与成年人的各种活动逐渐获得社会所需要的各种知识和技能
教育内容	①以军事和与军事直接有关的知识、技能为主，同时也注重演说能力的培养。 ②进行道德教育，智慧、勇敢、节制和正义是希腊人在荷马时代最为重视的道德品质
教育目的	非制度化的教育以培养勇敢、武艺高强和足智多谋、能言善辩的武士为目的
教育影响	虽然处于较为低级的发展阶段，但重视道德教育、演说能力、个性发展与群体利益并重、强调实干又注重雄辩等内容和理念都对希腊教育的发展产生深刻影响

考点二、古风时期的教育

1．斯巴达教育

表3－2　斯巴达教育

要点	具体内容
实施时间	公元前8～前7世纪
教育目的	培养坚韧不拔的战士和一个绝对服从的公民

续表

要点	具体内容
教育内容	①7 岁以前，公民子女在家中接受母亲的养育。 ②7 岁至 18 岁，儿童进入国家的教育机构，开始军营生活：严格的军事体育训练和道德灌输，学习“五项竞技”（即赛跑、跳跃、摔跤、掷铁饼和投标枪）。 ③18～20 岁，进入青年军事训练团接受残酷的正规军事训练。 ④30 岁时正式获得公民资格
评价	①片面性表现在只重视军事体育训练，轻视知识学术，鄙视思考和言辞，生活方式狭隘，只会军事作战，这严重阻碍了斯巴达人的才能发展。 ②其优点在于国家导向性、实用性和专业性的教育模式以及父母对子女教育的重视

2. 雅典教育

表 3－3　雅典教育

要点	具体内容
实施特点	①盛行私人办学，意在安排学生个人时间，培养勇敢、强壮等品质。 ②国家负责 16～20 岁青年的教育，意在培养公民在履行公共义务时的理智、智慧与公正等品质
教育目的	培养身心和谐发展的人（公民）
教育内容	①7 岁前，儿童在家中由父母养育。7 岁以后，女孩继续在家中学习纺织、缝纫等技能；男孩进入文法学校和弦琴学校。 ②13 岁左右，公民子弟在文法学校或者弦琴学校学习的同时也进入体操学校（又称角力学校）接受游泳、舞蹈、赛跑等体育训练，培养健全的体魄和顽强坚韧的品质。 ③15～16 岁，大多数公民子弟开始从事各种职业，少数显贵子弟继续到国立体育馆接受体育、智育和审美教育。 ④18～20 岁，青年进入青年军事训练团接受军事教育。 ⑤20 岁，经过一定的仪式，被授予公民称号
评价	其对理性主义的重视，对身心和谐发展教育理念的理解，对自由教育的强调都对后世的教育思想和实践具有重大影响，古风时期的雅典教育有着比斯巴达更高的制度化水平

3. 毕达哥拉斯的教育思想

表 3－4　毕达哥拉斯的教育思想

要点	具体内容
思想渊源	毕达哥拉斯把数当作世界的本源，认为数的完全、匀称、和谐三种特性是天心的昭示，也是人心需要追求的
教育目的	通过对数的研究、体会、领悟以及日常生活的训练来净化灵魂，达到和谐、完全和完善的境界
教育任务	化天心为人心
评价	重视陶冶灵魂（或精神）深刻影响着后来的古希腊教育思想

考点三、古典时期的教育

1. 智者与教育

表 3-5 智者与教育

要点	具体内容
智者阶层	①古希腊教育发展的黄金时期是古典时期，智者的出现是其标志。 ②公元前五世纪后期，“智者”专指以收费招收徒弟为职业的巡回教师
智者代表人物	普罗塔哥拉、高尔吉亚、普罗狄克斯、希庇阿斯、安提丰和克里底亚
智者的贡献	①他们是西方最早的职业教师，在希腊文化史上占据重要地位。 ②云游各地的智者不以门第为招收徒弟的条件，扩大了教育对象的范围，促进社会流动。 ③确定西方教育史中的“前三艺”，从实用目的出发研究辩论与演讲，扩大了学术领域和教育内容的范围。 ④主要传授系统的道德知识和政治知识，形成政治家或统治者的预备教育。 ⑤智者的出现使希腊教育真正成型，囊括希腊教育思想发展的基本线索和方向

2. 希腊学校的变化

古典时期的希腊学校发生了一系列变化。

(1)雅典的文字教师与音乐教师逐渐分工，文法学校与弦琴学校从此分开设立。

(2)出现由著名学者创办的高等教育机构，如伊索克拉底在前390年创办修辞学校，柏拉图在前387年创办学园(阿加德米)，亚里士多德在前335年创办学园(吕克昂)。

考点四、希腊化时期的教育

表 3-6 希腊化时期的教育

要点	具体内容
范围拓展	古希腊特别是雅典的学校教育制度广泛传播到小亚细亚、美索不达米亚、波斯、埃及等地区，积极推动了这些地区的教育发展
中心转移	文化和教育的中心从雅典转移到亚历山大利亚城，后者在整个希腊化时期是东西文化交流的中心
学校蜕变	初级学校带有军事目的的体育被取消，美育被弱化，局限于读、写、算等知识性科目
中等教育偏移	中等教育机构体育馆被文法学校取代。中等教育日益偏重知识教学，尤其强调文学教育，体育和美育被忽视
高等教育发展	高等教育在本时期明显发展，除了原有的学园、吕克昂和修辞学校之外，新出现了斯多噶学派的哲学学校(芝诺开办)和伊壁鸠鲁学派的哲学学校(伊壁鸠鲁开办)

3.2 典型题(含考研真题)详解

一、单项选择题

1. 古希腊时期，斯巴达城邦教育有别于同时期其他城邦教育的主要表现(　　)。[统考2020年研]

A. 通过立法发展教育事务

B. 重视实施“五项竞技”教育

C. 女子接受与男子同样的军事和体育训练

D. 公民子女 7 岁以前在家庭中接受教育

【答案】C

【解析】AD 两项是斯巴达和雅典城邦教育的共同特点。B 项，“五项竞技”由斯巴达兴起，后各个城邦都采用。C 项，斯巴达重视女子教育，认为女子应该和男子接受同样的军事、体育训练，也要肩负国家防卫的义务。

2. 作为西方最早的职业教师，智者派对古希腊教育实践产生了诸多的影响，其中包括(　　)。[统考 2019 年研]

A. 确立了“四艺”　　B. 创办了学园

C. 扩大了教育对象　　D. 强化了教育的等级性

【答案】C

【解析】智者派的贡献：推动了文化传播，扩大了受教育对象的范围，促进了社会的流动；确立了七艺中的前三艺(文法、修辞学和辩证法)；提出了一种新型的教育——政治家或统治者的预备教育。

3. 创制文法、修辞、辩证法科目，为后来“七艺”成型奠定基础的是(　　)。[统考 2018 年研]

A. 智者派　　B. 柏拉图　　C. 亚里士多德　　D. 毕德哥拉斯学派

【答案】A

【解析】智者派，古希腊哲学流派中曾经有一个诡辩学派，对自然哲学持怀疑态度，认为世界上没有绝对不变的真理，并没有构成一个学派，也没有共同的学说，代表人物是普罗泰戈拉等。智者们广招门徒，收取高额学费，向年轻人传授文法、修辞、辩证法，这三门课程，是雄辩教育的核心，被称为“前三艺”。除此之外，还教授数学、自然科学以及音乐等。而且还认为，道德是可以控制和培养的，是教育的结果。智者派提出了“七艺”中的“前三艺”，文法、修辞、辩证法，为后来“七艺”成型奠定基础，因此答案选 A。

4. 古希腊罗马时代，以培养演说家或雄辩家为目标的学校是(　　)。[统考 2017 年研]

A. 文法学校　　B. 弦琴学校　　C. 体操学校　　D. 修辞学校

【答案】D

【解析】修辞学校是古希腊的一种高等教育学校：在教育目的上，以培养演说家、雄辩家为主；在教育内容上，修辞学校以演讲术、辩论术以及相应的文法学、修辞学、逻辑学为主。

5. 作为西方最早的职业教师，智者派对古希腊教育做出的主要贡献是(　　)。[统考 2016 年研]

A. 扩大了教育对象的范围　　B. 确立了“七艺”的课程体系

C. 形成了自由教育理论的体系　　D. 提出了遵循自然的教育原则

【答案】A

【解析】智者授徒讲学，以钱财而不以门第作为唯一条件，不仅推动了文化传播，而且扩大了教育对象的范围，促进了社会流动。

二、名词解释

智者派［华东师范大学 2003 研］

答：智者派是古希腊一批以教学为职业的哲学家"智者"的总称，他们以收费授徒为职业，云游各地，积极参加城邦的政治和文化生活，以传播和讲授知识获得报酬，并逐步形成为一个阶层。其主要代表人物有普罗塔哥拉和高尔吉亚，他们共同的思想特征是哲学上的相对主义和怀疑主义。"智者"的教育活动具有高等教育性质，而且开始了集体教学。其教育目的是教人学会从事政治活动的本领。教学科目主要有辩证法、修辞学、文法（三艺），还有数学、自然科学、音乐等。"智者派"是西方最早的职业教师，对古希腊的文化教育发展做出过重要贡献。"智者派"的产生深刻地反映了时代的要求，同时又进一步促进了当时在希腊世界开始的思想启蒙运动。但"智者派"发展的后期充满了诡辩的色彩，从而导致人们对它的怀疑和批评。

三、简答题

1. 简述斯巴达教育的特点。［华南师范大学 2011 研］

答：斯巴达教育是古希腊奴隶制国家斯巴达对公民子女所实施的教育，斯巴达教育的特点包括以下几个方面：

（1）教育具有阶级性，完全被国家控制并被视为国家的事业

斯巴达以农立国，实行贵族奴隶主寡头专制政体，并实行全民皆兵，以尚武为国家的灵魂。其教育目的是通过严格的军事训练，把斯巴达子弟培养成国家需要的武士。也就是对奴隶残酷暴虐，对氏族贵族服帖恭顺，能死心塌地为维护军事农业贵族的利益而效力的人。作为一个武士，首要条件是身强力壮。斯巴达的儿童一出世，就受到严格挑选，只有被认为体质合乎健壮标准的，才准许留下来，身体虚弱的，便弃之荒野，任其死去。斯巴达的儿童属于整个国家，母亲只对七岁前的孩子有养育的职责。

（2）以军事体育训练和道德教育为主，对文化知识不重视

不同的年龄阶段教育内容不同。教育内容包括忍耐劳苦训练、军事体育训练、道德教育等。

①7 岁以前的儿童以养护身体为主，稍懂事即讲授英雄故事、希腊神话以培养其爱国敬神思想。

②男孩满 7 岁进入兵营式的国立教育场接受军事体育训练和政治道德教育。教育场生活艰苦，训练严格，绝少文字教育，但重视政治道德的灌输。

③年满 18 岁经拷打而不哭叫者可升入埃弗比接受 2 年正规军事训练，参加军事演习，学习战术和使用武器，还要参加"秘密服役"。

④年满 20 岁驻扎边境，开始实战训练。

⑤到 30 岁才获得公民身份，成为现役军人。

斯巴达教育只重视军事体育训练，轻视知识学术，鄙视思考和言辞，生活方式狭隘，

除了军事作战，不知其他。这种片面地以国家目的为教育目的的教育实践严重阻碍了斯巴达人的才能发展。

(3)重视女子教育

斯巴达的妇女也要接受军事训练，这是由于当男子外出征战时，妇女具有防守城池的责任。妇女在家庭中接受与男青年大致相同的教育，也学五项竞技、跳舞、唱歌。斯巴达人认为，只有健壮的妇女才能在男子远征时守卫国土，生育健壮的婴儿。

2. 简述智者在古希腊教育发展中的贡献。[中山大学 2011 研]

答：智者，又称诡辩家，后被用来专指以收费授徒为职业的巡回教师。这些人云游各地，积极参加城邦的政治和文化生活，以传播和传授知识获得报酬，并逐步形成了一个阶层。智者在古希腊教育发展中的贡献包括以下几点：

(1)传播文法、修辞、哲学，扩大了教育内容，西方教育史上沿用长达七年之久的"七艺"中的前三艺(文法、修辞、辩证法)就是由智者首先确定下来的。

(2)智者派推动了古代希腊文化教育的发展，促进了学术交流，推动文化传播，促进社会流动。

(3)智者重视道德教育与政治教育，把道德与政治的知识作为主要教育内容，不仅丰富了教育内容，还提供了一种新型的教育——政治家或统治者的教育。

(4)智者派赋予了教育积极的社会意义，他们反对道德天赋论，强调道德是人人都可拥有的，道德是可以通过学习和联系获得的。他们明确地意识到，教育与政治、道德具有密切的相互联系，教育在国家生活中具有举足轻重的地位。

3. 简述古代希腊在教育上的主要成果。[华中师范大学 2004 研]

答：古代希腊是巴尔干半岛南部、爱琴海诸岛及小亚细亚西岸一群奴隶制城邦的总称，古代希腊在教育上取得了丰富的成果，包括教育实践和教育理论两方面。

(1)古代希腊的教育实践

①斯巴达的教育。在斯巴达，教育被当作一项极为重要的国家事业。斯巴达人实行严格的体格检查制度，以保证种族在体质上的"优越性"，培养体格强壮的战士。在 7 岁以前，公民子女在家中接受母亲的养育；从 7 岁至 18 岁，儿童进入国家的教育机构，开始军营生活；18 岁至 20 岁的青年被送到士官团去接受专门的军事训练。在斯巴达，女子也要接受体操和军事训练。

②雅典的教育。雅典的教育内容、方法和组织形式比斯巴达更广泛灵活、丰富，具有多方面性。7 岁前，儿童在家中由父母养育；7 岁以后，女孩继续在家中由母亲负责教育，男孩则开始进入文法学校、弦琴学校学习；到 13 岁左右，公民子弟一方面继续在文法学校或者弦琴学校学习，另一方面则进入体操学校(又称角力学校)，接受各种体育训练；年满 18 岁的青年从国立体育馆毕业后可升入士官团深造；到 20 岁，青年便被授予有完全政治权利的正式公民称号，并成为国家的正式官吏。

雅典从公元 5 世纪起，出现了"智者派"的活动，他们周游各地、收费授徒，后又建立了修辞学校、学园和哲学学校等高等学府。

(2)古代希腊的教育理论

①德谟克利特的教育观点。德谟克利特重视教育的作用，提出了唯物主义的道德观，主张用说服和鼓励的方法进行道德教育，强调要引导学生努力学习和勤于思考，给后世留下了宝贵的精神财富。

②苏格拉底的教育观点。苏格拉底提出了真理的普遍性和道德标准的绝对性的主张，他在认识论上的贡献在于他恢复了知识的普遍品格。他指出教育的目的就是发展人的智慧，使人的道德完善，他对教育的另一贡献是他倡导问答法，他这种“产婆术”的方法成为西方启发式教学法的渊源。

③柏拉图的教育思想。柏拉图是西方教育史上第一个提出系统教育理论的人，重视教育的政治意义和作用，强调早期教育和公共的学前教育，重视女子教育，这都是非常宝贵的教育思想，他的代表作《理想国》成为西方教育思想史上的里程碑之一。

④亚里士多德的教育思想。亚里士多德提出教育要适应自然的思想，强调把体育、德育和智育结合起来，使人得到多方面的和谐发展。他根据人的自然发展顺序，把人从出生到成年(21 岁)划分为三个发展阶段，并提出了不同阶段不同的教育任务，这对后来欧洲文艺复兴时期的教育思想产生了很大影响。

四、论述题

试比较古代斯巴达和雅典的教育体制。[华东师范大学 2000 研]

答：在众多希腊城邦中，斯巴达和雅典最具代表性，它们先后称雄于希腊世界，在希腊历史上占有中心地位。二者的教育体制既有共同之处，又各具特色。

(1)古代斯巴达和雅典教育体制的共同之处

①教育体制都为奴隶主阶级服务。

古代斯巴达和雅典都属于奴隶制城邦，因此二者的教育体制都是为奴隶主阶级服务的。在这两个国家中，教育都是奴隶贵族的特权，并为奴隶主所垄断和控制。在古代斯巴达和雅典，平民和奴隶的子弟没有受教育的权利，教育具有强烈的等级性，二者的教育目的都是为了培养维护奴隶主统治的人才。斯巴达的教育目的是把奴隶主贵族子弟培养、训练成为体格强壮，受过严酷的军事体育锻炼的武士，以维护奴隶主阶级对奴隶和平民的统治，同时参加对外掠夺战争或防御战争，雅典的教育目的也强调把奴隶主子弟训练成身强力壮的武士，以维护城邦的利益。

②教育体制都重视体育和军事训练。

奴隶制城邦之间经常发生战争，因此斯巴达和雅典都非常重视体育训练在教育中的重要作用，斯巴达和雅典都实行严格的出身体检制度。在斯巴达，男童被送到国家教育场所去接受军事体育训练，直到 18 岁为止，斯巴达国家教育机构的生活制度非常严格残酷，女子通常要和男子接受同样的军事体育训练。雅典对儿童的体育训练也非常重视，儿童在 13 岁时被送入体操学校学习，接受各种体育训练，包括游泳、舞蹈、赛跑、跳跃、摔跤、掷铁饼、投标枪等内容。

③教育体制都比较系统完善。

斯巴达和雅典都有一套比较系统完善的教育体制，对儿童不同年龄阶段所受的教育有比较严格的规定。斯巴达和雅典的公民子弟在 7 岁之前在家接受教育，7 岁之后男孩进入学校学习。在斯巴达，男孩从 7 岁至 18 岁，都在国家的教育机构中接受军营生活；从 18 岁起进入高一级的教育机构即青年军事训练团接受训练；年满 20 岁的公民子弟开始接受实战训练；到 30 岁，正式获得公民资格。在雅典，男孩在 7 岁至 13 岁进入文法学校和弦琴学校学习；到 13 岁左右，公民子弟一方面继续在文法学校或弦琴学校学习，另一方面则进入体操学校接受各种体育训练；从 18 岁至 20 岁，青年进入青年军事训练团，接受军事教育；到 20 岁，经过一定的仪式，被授予公民称号。

(2)古代斯巴达和雅典教育体制的不同之处

①政府对教育的态度不同。

斯巴达采取严格的集权领导，把儿童视为国有，强调全部教育都由奴隶主国家负责组织、管理，斯巴达的教育完全由国家控制。政府官员及社会成年人对青少年履行监管的义务，青少年必须服从，因此，在任何适当的时间和地方，对犯了错误的孩子都是有人警告和责罚的。斯巴达的教育开支完全由国家负担，青少年免费接受教育。

雅典也高度重视教育，对教育采取比较放任政策。雅典人认为，要培养公民在履行公共义务时所应具有的理智、聪慧和公正等品质，这是要由国家来规定的。但是，在如何安排个人的闲暇时间以及勇敢、强壮等品质的培养上，则不能完全依靠由国家控制的教育。因此，雅典盛行私人办学，而且国家只负责 16 至 20 岁青年的教育。雅典把教育子女视为家庭的重要职责，为孩子选择合适的学校，并交纳学费，都是家长应尽的职责。

②培养目标不同。

斯巴达统治者对内施行暴政，对外则实行防御、侵略政策，斯巴达人对平民和奴隶的压迫和统治非常残酷，奴隶和平民经常进行反抗、暴动。因此，斯巴达人经常处于军事戒备状态，这种社会政治状况和以农业为主的经济状况，决定了斯巴达教育培养目标是以训练勇敢善战的士兵为重任，女子也不例外。

雅典的手工业和商业十分繁荣，而且文化、科学和艺术也很发达，它实行的是奴隶主的民主共和政体。这种经济、文化和政治现状使雅典教育的培养目标比斯巴达有更丰富的内容，雅典为使奴隶主子弟有条件参加政治和经济活动，跻身政界和经营贸易，则竭力培养其成为身强力壮、品德优良、多才善辩而且有文化修养的和谐发展的人，即公民。

③教育机构、教育内容和教育方法不同。

在教育机构方面，斯巴达为锻炼战士，为国家的 7 至 18 岁的男子设立兵营式的教练所，为 18 岁以上的男子设立青年士官团，借军事编制，进行尚武教育。雅典则由私人设置多种类型的学校，如体操学校、音乐学校、文法学校、修辞学校，以及哲学家的学园等。程度不齐，流派甚众，任人选择就学，政府不求整齐划一。

在教育内容方面，斯巴达的教练所和士官团以军事训练和体育锻炼为主，雅典则在体育习武之外，注重文化知识的传授，具有高等教育性质的修辞学校和哲学家的学园则提倡水平较高的理论科目的讲授和争辩。

在教育方法方面，斯巴达强调要服从师训，刻苦训练；雅典则对启发诱导比较重视。

第4章　苏格拉底、柏拉图、亚里士多德的教育思想

4.1　复习笔记

【知识框架(庖丁解牛)】

苏格拉底、柏拉图、亚里士多德的教育思想
- 苏格拉底的教育思想
- 柏拉图的教育思想
- 亚里士多德的教育思想

【考点归纳(游刃有余)】

考点一、苏格拉底的教育思想

表4-1　苏格拉底的教育思想

要点	具体内容
论教育的意义与目的	①教育的意义是不论人有无天资，教育使人改进。禀赋越好，越需要受教育。 ②教育的目的是培养有才德的治国者
论德育	①道德是能够实践的哲学。 ②否定智者的怀疑论和相对主义，寻求本质，研究伦理概念的一般定义。 ③培养道德，教人学会做人是教育的首要任务。 ④智慧即德行。 ⑤自制是德行的基础。 ⑥守法就是正义。 ⑦身教重于言教
论智育	①治国者应具有广博的知识，他教授政治、伦理、雄辩术和其他实际的知识。 ②出于实用的目的，第一次将几何、天文、算术列为必修科目
苏格拉底方法(产婆术)	①讥讽、助产术、归纳和定义四个步骤，是伦理哲学研究方法，也是教学法。 ②优点：注重诱导启发而非硬性灌输。 ③缺点：适应于当时特定的教学环境(没有成熟的教材和正规的课堂教学制度)，对学生自身水平要求较高
论健康与锻炼	①健康的身体在平时、战时及思维活动中都十分必要。 ②每个人的身体应能经受严寒、酷热等各种环境。 ③健康不是天生的，锻炼可以使身体强壮

考点二、柏拉图的教育思想

表 4－2　柏拉图的教育思想

要点	具体内容
主要观点	①对儿童实行公养公育，通过国养育院、乡下教育之后经过两次筛选，直到培养出哲学家兼政治家。 ②女子应和男子接受同样的体操训练和军事教育。 ③重视早期教育，以“灵魂转向”为最终的教育目的。 ④最早提倡“寓学习于游戏”，不强迫学习。 ⑤将灵魂分成理性部分、欲望部分和激情部分，教育的目标是使理智领导灵魂、激情辅助领导，欲望被领导和控制
评价	①积极方面：重视教育并与政治结合，强调教育对人的塑造作用，提倡男女平等，反对强迫学习等。 ②消极方面：过于强调一致性，忽视个性发展，拒绝变革等

考点三、亚里士多德的教育思想

表 4－3　亚里士多德的教育思想

要点	具体内容	
教育理论	论灵魂的三个组成部分	营养的灵魂、感觉的灵魂和理性的灵魂
	论教育的作用	发展人的理性
	普遍的公立的教育与教育立法	教育应是国家的事务，“教育应由法律规定”
	伦理教育(德育)	美德有理性美德和伦理美德之分；伦理美德的原则是适度；在实践中要讲究动机与效果的统一，知与行的统一，主观与客观的统一。行为者必须自知自觉，有意识地选择行为，在行动中勉力地坚持到底
对实际教育工作的意见	胎教和婴幼儿教育	优生优育，儿童有适于年龄的运动和课业
	初等教育	①分为阅读、书写、体育锻炼、音乐和绘画四科。 ②教授“真正必需的有用东西”。 ③没有功利性的自由教育适合于自由民。 ④实践先于理论，身体训练先于智力训练。 ⑤必须把音乐列入教育
	高等教育	①学科门类广泛，教学与科研结合、研究与实验结合、讲授与讨论结合。 ②根据学员程度划分年级或班级
	兴趣与学习	注重引起学习的兴趣
	家庭教育的特殊功能	家庭成员会自然地依恋和服从家长，家庭教育有利于个别教育

4.2　典型题(含考研真题)详解

一、单项选择题

1. 苏格拉底用反讽术是自以为知者自觉到无知，又用产婆术是自以为无知者发现知

识。他所开创的这种教育传统，在影响人的发展主要因素的问题上倾向于(　　)。[统考2020年研]

A. 内发论　　B. 外铄论　　C. 遗传决定论　　D. 环境决定论

【答案】A

【解析】内发论强调内在因素在人的身心发展中的决定作用，如性善论、自然成熟论、遗传决定论等。苏格拉底的教育方法被称为“产婆术”，主要由讥讽、助产术、归纳和下定义四个步骤组成。他认为，真理以潜在的形式存在于人的内心，教师的任务不在于传授知识，而在于通过交谈和讨论，唤醒学生内在的意识。因此苏格拉底的产婆术属于内发论的范畴。

2. 亚里士多德将教育分为体育、智育和德育，其依据是(　　)。[统考2019年研]

A. 灵魂论　　B. 天性论　　C. 习惯论　　D. 理性论

【答案】A

【解析】亚里士多德的灵魂论将人的灵魂分为营养的灵魂、感觉的灵魂和理性的灵魂，对应植物的灵魂、动物的灵魂和人的生命。亚里士多德关于灵魂的三个组成部分的理论为教育必须包括体育、德育、智育提供了人性论上的依据。

3. 将人的灵魂分为营养的灵魂，感觉的灵魂和伦理的灵魂，并根据此主张实施体育、德育和智育的古希腊教育思想家是(　　)。[统考2015年研]

A. 苏格拉底　　B. 柏拉图　　C. 亚里士多德　　D. 毕达哥拉斯

【答案】C

【解析】亚里士多德的教学思想是建立在他的人性论、认识论及其对于儿童身心发展考察的基础之上的。他将人的灵魂分为营养的灵魂，感觉的灵魂和伦理的灵魂。亚里士多德为其哲学学校设立了“百科全书”式的课程，主张学生在德、智、体、美等方面全面发展，且在不同时期各有所侧重。

二、名词解释

1. 苏格拉底“助产术”[四川师范大学2013研；西南大学2013研；福建师范大学2013研；上海师范大学2012研；北京师范大学2011研；首都师范大学2010研]

答：苏格拉底“助产术”是古希腊哲学家苏格拉底用于引导学生自己思索，自己得出结论的方法，亦称“知识助产术”“苏格拉底法”“苏格拉底问答法”。苏格拉底的母亲是助产婆，他以助产术来形象比喻自己的教学方法。这种方法分四个步骤：讥讽、助产术、归纳和下定义。讥讽指在就对方的问题不断提出追问，迫使对方陷入矛盾，承认自己的无知；助产术指通过谈话法帮助对方回忆知识，自己得出答案；归纳是通过问答使对方从各种具体的事物中找出事物的共性，形成一般的概念；下定义是指把个别事物归入一般概念，得到关于事物的普遍概念。

2. 《理想国》[东北师范大学2010研]

答：《理想国》由古希腊哲学家和教育家柏拉图所著，是其最有影响的著作，也是人们研究柏拉图教育思想的主要文献。《理想国》成书于柏拉图壮年时期，约30万字。原作不分章节，中世纪初被分为 10 卷，以其师苏格拉底和格劳孔、阿得曼托斯等人对话的形式表述其哲学、政治和教育思想。理想国所谈论的教育问题涉及幼儿教育、中小学教育和大学研究院的教育以及工农、航海、医学等职业教育问题等，内容广泛。自问世后一直是西方知识界必读之书，对西方哲学、社会政治和教育思想的发展均有重要影响。

三、论述题

1. 试析“白板说”的产生、基本观点及对教育的影响。［北京师范大学 2005 研］

答：（1）“白板说”的产生

“白板说”最早是由古希腊百科全书式的学者亚里士多德在论述感觉和感觉对象之间的关系时提出来的。亚里士多德在说明自己的唯物主义认识论时指出，理智没有什么东西不是先已在感觉中的。他用一个形象的比喻说明感觉与感觉对象的关系。感觉只是采纳被感觉的东西的形式而不要它的质料，在感觉里面只有形式达到我们而没有质料，“正如蜡块只把带印的金戒指的印记接纳到自己身上，而不取黄金本身，而只纯粹取其形式。”他又指出，人的灵魂（意识）正如一本什么也没有写上的书，或什么也没有写上的一张白纸、一块白板，它能接受对象的知识。

后世的哲学家、教育家往往引用亚里士多德关于蜡块和白板的比喻，来论证教育在人的形成中的巨大作用，其中非常著名的一位就是英国近代教育家洛克。

（2）“白板说”的基本观点

洛克认为人出生后心灵如同一块白板，没有任何标记和观念，人的一切知识和观念都是后天得来的，都建立在经验的基础上，根本没有什么天赋原则。他进而提出天赋智力人人平等，人类之所以千差万别便是由于教育之故。他指出人的发展是由教育决定的，而不是由先天的遗传决定的，认为教育不仅决定着个人的发展，而且关系到国家的幸福与繁荣，洛克高度评价了教育在人的形成中的巨大作用。

洛克认为人的一切知识最后都是来源于经验的，这表明了他是主张经验主义的认识论的。但他同时又提出观念有两个来源：一类来自感觉，另一类来自反省。并且指出五官的感觉只能了解物体的部分性质，而内心的“自我反省”则可以使人了解复杂的概念。这说明他的“白板说”又是一种不彻底的经验主义认识论。

（3）“白板说”对教育的影响

①亚里士多德“白板说”的影响。亚里士多德的“白板说”确认知识是从外面经过感觉进入意识的，这与柏拉图知识即回忆的理论相对立，这是古希腊在认识论上的一个成就。但亚里士多德这个比喻的合理性是有限的：首先，人的灵魂（意识）是不能完全等同的，当感觉印象进入灵魂（意识）时，要经过思维加工，它会引起灵魂性质的变化，而蜡块接受带印的黄金戒指的印记时仍然是原来的蜡块，性质没有发生改变；其次，人与外界的关系不是纯粹被动的关系，人本身既是主体，又是客体，既是被动的，又是主动的，人的自觉能动性使人与动物区别开来。后世的哲学家、教育家往往引用亚里士多德关于蜡块和白板的比喻，论证教育在人的形成中的巨大作用。

②洛克“白板说”的影响。洛克著名的实科教育和绅士教育中都深刻渗透着他“白板说”的思想，洛克在“白板说”这一思想的指导下，重视教育在儿童发展中的巨大作用，并形成

了非常系统又行之有效的关于绅士教育的论述。在绅士教育中，洛克主张对儿童进行德、体、智三方面的教育，使之全面和谐地发展，为此他安排了大量的课程内容，并突出了实用知识的地位。他详细论述了各种教学方法，其中不少观点具有一定的科学性，对今天仍有重大的启发意义。“白板说”无论是在明确教育的作用和地位方面，还是在教育教学的具体实施过程中都发挥着重要影响，有着巨大意义。

2．综述苏格拉底、柏拉图和亚里士多德关于理性与欲望的关系的思想。

答：苏格拉底、柏拉图和亚里士多德对理性与欲望的关系做出了一些具体论述，主要表现在以下几个方面：

（1）理性为根本

三者都强调理性为人的根本，理性在人的思想中占据着主导地位，理性支配着人的思想发展，支配着人的行动和实践。在对理性进行具体分析时，他们认为人的理性部分是指获得的美德、知识、理念，通过掌握和发展这些理性的部分促进人思想的进步，有助于判断善恶、是非，有助于指导人的实践活动。在谈到教育和理性的关系上，他们主张教育应当传授关于美德、善、理念的知识，帮助理性获得发展，适应人的成长，洞察世间的一切。

（2）欲望为表象

三者都把人的欲望看作是非理性部分，希望通过教育使人的欲望受理性的制约。欲望不能支配人体，却在不同的方面影响人的发展和理性的成长。在苏格拉底看来，饱食、性欲、睡眠、耐冷、耐热和劳动等方面都要实践自制；柏拉图则认为，现象世界不过是理念世界的阴影或摹本，是第二性的；亚里士多德认为植物灵魂即人的身体的生理部分，动物灵魂即人的感觉部分，两者属于人灵魂中的非理性部分。

（3）理性与欲望

理性和欲望是源和流的关系，理性为根本，欲望为表象。而人的发展主要是以理性的成长为基础的，理性应该支配、克制欲望，欲望应该受理性节制。三者同时提到了应该用四美德中的节制来控制欲望，同时应该通过掌握美德、善的理念、学科知识来促进理性的成长。苏格拉底在生活各个方面处处节制自己，做出严格要求，将知识、美德统一起来，求得理性发展；柏拉图主张节制欲望，学习哲学、数学、天文学、物理学、音乐理论，认为这些有助于理性的发展；亚里士多德认为灵魂的高级部分可以控制低级的部分，人的理性灵魂是人各方面发展的主宰，教育应当适应人灵魂的各个部分，促进人的理性的发展。

第5章　古罗马的教育

5.1　复习笔记

【知识框架(庖丁解牛)】

古罗马的教育
- 古罗马的历史分期
- 共和时期的教育
  - 共和早期的教育
  - 共和后期的教育
- 帝国时期的教育
  - 帝国的教育变革
  - 帝国时期的各级教育
- 早期基督教会的教育活动
- 古罗马的教育思想
  - 西塞罗
  - 昆体良
  - 奥古斯丁
- 古罗马教育的特点

【考点归纳(游刃有余)】

考点一、古罗马的历史分期

表5－1　古罗马的历史分期

时期	时间
王政时期(原始社会向奴隶社会过渡)	公元前8～前6世纪
共和时期	公元前6～前1世纪
帝国时期	公元前1～公元5世纪

古罗马王政时期的教育情况尚缺少可靠的史料记载，因此从共和时期开始讨论。

考点二、共和时期的教育

1. 共和早期的教育

表5－2　共和早期的教育

要点	具体内容
社会背景	①共和政体之下平民和贵族都是古罗马公民，享有同样的政治权利。 ②小农经济形式下居民从事农牧业和手工业，商业不发达。 ③与毗邻城邦的频繁战争要求农民具有军人品质

续表

要点	具体内容
教育特征	农民－军人教育
教育形式	家庭教育
教育程序	①1～7岁的儿童由母亲抚养和教育。 ②从7岁起，女孩仍在家里跟母亲学习做未来的主妇与母亲。男孩7～16岁跟随父亲接受农民－军人的实际教育以及读、写、算知识。 ③16岁时男孩成为罗马的公民

2. 共和后期的教育

表5－3 共和后期的教育

要点	具体内容
社会背景	①奴隶制经济迅速发展，国内阶级矛盾增加。 ②对外战争扩大，大量吸收古希腊的文化教育成果，希腊式学校和拉丁语学校并存
初等教育	①招收7～12岁男女儿童。 ②小学普遍发展，以读写算为内容，学习道德格言和《十二铜表法》。 ③私立并收费，平民子女限于家庭财力不一定能读完，贵族不屑于入读，多雇家教。 ④教师收入微薄，社会地位低下
中等教育	①招收12～16岁贵族及富家子女。 ②是古希腊人主持的希腊文法学校，拉丁文法学校在公元前100年前后出现。 ③以学习文法为主，也学习地理、历史、数学和自然科学
高等教育	①出于古罗马日趋激烈的政治斗争和社会生活的需要开设修辞学校或雄辩术学校，面向准备担任公职的贵族子弟。 ②起初是希腊语雄辩术学校，公元前1世纪中叶建立拉丁语雄辩术学校。 ③重视文学和修辞学，也开设辩证法、历史、数学、天文学、几何、伦理学、音乐等科目

考点三、帝国时期的教育

1. 帝国的教育变革

表5－4 帝国的教育变革

要点	具体内容
社会背景	版图随着征服地区增加而扩大，出于镇压反抗和加强统治的需要，共和政体废除，进入奴隶制帝国时期（公元前30年）
变革措施	①教育目的由培养演说家改为培养效忠于帝国的顺民和官吏。 ②国家监督初等学校，部分私立学校改为国立。 ③教师由私人选聘改为国家委派，地位和待遇提高

2. 帝国时期的各级教育

表 5－5　帝国时期的各级教育

要点	具体内容
初等教育	①教育对象仍为平民子女。 ②教育内容仍为读、写、算和道德教育。 ③教学重点由文学学习转向文法分析
中等教育	①拉丁文法与罗马文学的地位具有压倒性优势，希腊文法与文学在后来的西罗马帝国几乎绝迹。 ②公元 3 世纪起，文法学校的教学与实际脱节，逐渐趋向形式主义。 ③形成了一套较完整的文学分析教学法
高等教育	①从培养演说家变为培养官吏。 ②出现专门教授法律的私立学校。 ③医护学校应运而生，采取理论与实践相结合的培养模式

考点三、早期基督教会的教育活动

表 5－6　早期基督教会的教育活动

要点	具体内容	
初级教义学校	最早的教育活动是由教会长老对入教者进行有关教义、教规的教育，后来，这种教育扩展为一种学校机构，即初级教义学校	
高级教义学校（教理学校）	学校性质	供年轻的基督教学者深入研究基督教理论的场所
	教学内容	主教讲授神学，助手讲授古希腊、古罗马世俗文化
	教学目的	为教会培养学养深厚的传教士和神学家
	典型代表	埃及亚历山大里亚和巴勒斯坦的凯撒尼亚高级教义学校
	影响	学有所成的传教士和神学家有力地推动了基督教的传播与发展

考点四、古罗马的教育思想

1. 西塞罗

（1）简介

西塞罗（公元前 106～前 43）生活在罗马共和后期，其代表作为《论雄辩家》。

（2）教育思想

表 5－7　教育思想

要点	具体内容
雄辩家的定义	能就眼前的任何问题以规定的模式伴以恰当的姿势，得体而审慎地进行演说的人
雄辩家的特点	高贵的风度，掌握一切雄辩术
雄辩家教育的内容	广博的学识，修辞学上的特殊修养，举止优美，风度文雅
雄辩家教育的方法	模拟演说练习与写作练习

2. 昆体良

（1）简介

昆体良生活在公元1世纪的古罗马，代表著作《雄辩术原理》是教育教学工作经验的总结，其教育理论和实践都以培养雄辩家为宗旨。

(2)教育思想

表5－8　教育思想

主要观点	具体内容
教育与天赋	①研究儿童的天赋，根据倾向进行教学。 ②教育必须遵循儿童的年龄特点
雄辩家的德行	①宣扬正义和德行是雄辩家的首要任务。 ②德行是雄辩家的首要品质。 ③道德原理应是学校的主要课程
学校教育与家庭教育	学校教育优于家庭教育，体现在学校教育对学生的激励作用以及提供多方面的知识，养成适应社会的习惯和参与社会活动的能力
学前教育	①对幼儿进行适量的智育，首次提出双语教育。 ②“让最初的教育成为一种娱乐”
教学理论	①班级授课制思想的萌芽。 ②专业教育以广博的普通知识为基础。 ③使用启发诱导和提问解答的方法教学。 ④教师应德才兼备、宽严相济、多鼓励少斥责、懂得教学艺术、因材施教

3. 奥古斯丁

(1)简介

罗马帝国后期的神学家和哲学家奥古斯丁是基督教教父哲学的集大成者，他对教育的看法体现在《忏悔录》这部重要著作中，他的教育哲学对西欧中世纪基督教教育的发展产生深远影响。

(2)教育思想

表5－9　教育思想

要点	具体内容	
宗教与教育哲学	世界观与教育观	①论证了上帝是永恒存在的不变的本体。 ②信仰高于理性，宗教虔诚高于知识
	认识论、知识论与教育	①知识和概念是人心灵固有的，获得知识和真理需要上帝赐予的“灵魂的眼睛”，轻视自然科学，蔑视古希腊罗马文学作品。 ②知识应为宗教服务，《圣经》是一切知识的源泉
	教育的目的	使学生发现心中已有的真理，认识永恒的存在，认识上帝的至真、至善、至美
宗教伦理学与德育	宗教伦理学	“原罪论”和禁欲主义思想
	德育	强调宽容、温良、慈善待人、谦逊和顺从
影响	奥古斯丁的教育哲学是中世纪基督教教育的理论基础	

考点五、古罗马教育的特点

表 5－10　古罗马教育的特点

要点	具体内容
发展历程	①王政时期：以家庭教育为主。 ②共和后期：在吸收和改造古希腊文化教育的基础上建立了自己的文化教育。 ③帝国时期：政治体制的改变引起教育目的、教育制度以及教师的任命和待遇方面的变化
教育思想	①共和后期：西塞罗提倡雄辩术与哲学并重。 ②帝国时期：昆体良仅提倡雄辩术，但更重视道德教育和教学法。 ③帝国后期：奥古斯丁哲学成为西欧中世纪教会教育的理论基础

5.2　典型题(含考研真题)详解

一、单项选择题

1．关于雄辩家的培养，古罗马教育家昆体良主张(　　)。[统考 2020 年研]

A．家庭是培养雄辩家的理想场所

B．雄辩术训练是第一位的，广博知识的掌握的是第二位的

C．善良的德性是第一位的，完美的雄辩技能是第二位的

D．雄辩家的主要任务并非致力于正义和德行的宣扬和阐释

【答案】C

【解析】昆体良认为教育应培养善良而精于雄辩的人，即雄辩家。而德行是雄辩家的首要品质，完美的雄辩技能是第二位。

2．古罗马教育家昆体良主张，在雄辩家培养中居于首要位置的是(　　)。[统考 2018 年研]

A．高尚品质的培养　　B．雄辩技巧的练习

C．优雅举止的训练　　D．文雅风度的练习

【答案】A

【解析】昆体良生活的时代，罗马帝国已开始走向衰落。他痛切地感受到整个社会道德沉沦，许多上层人士品德败坏。他论述教育任务的时候，总是把良好道德的修养放在首位。他所要培养的雄辩家，善良是第一位的，雄辩术的完美是第二位的。真正的雄辩家是高尚的，值得尊敬的，在道德上无可指责的。他认为，如果一个人掌握了雄辩术，却用它来教唆犯罪，陷害无辜，与真理为敌，教授雄辩术的教师就不是给战士以武器，而是给强盗以屠刀。要培养出具有崇高道德的雄辩家，只有高尚的教师才能做到。昆体良本人正是这样的榜样。他认为，在雄辩家培养中居于首要位置的是高尚品质的培养，因此答案选 A。

3．相对于古希腊教育思想而言，以西塞罗、昆体良为代表的古罗马教育思想更具有(　　)。[统考 2016 年研]

A．理想主义取向　　B．相对主义取向　　C．思辨性取向　　D．实践性取向

【答案】D

【解析】以苏格拉底、柏拉图、亚里士多德为代表的古希腊时期教育思想总体上注重培养全面发展的人，即德、智、体、美和谐发展；而以西塞罗、昆体良为代表的古罗马教育思想更注重培养帝国所需要的具有雄辩才能的公民和政治家。因此，古罗马的教育思想无论从教育目的上，还是在教学方法上更具实践性取向。

4. 奥古斯丁关于教学的基本主张是(　　)。[统考 2015 年研]

A. 教学的根本目的是在于培养学生认识现实世界的能力

B. 教学的主要目的在于引导学生发现心中已有真理

C. 以古希腊、罗马文学作品作为主要的教学资料

D. 重视自然科学知识和教学

【答案】B

【解析】奥古斯丁认为教学的主要目的在于引导学生发现心中已有真理，而不是去认识客观的物质世界(现实世界)。他反对把古希腊、罗马文学作品作为教材；轻视自然科学的学习。

二、简答题

1. 古罗马从共和时期到帝国时期，在教育上发生了哪些变化？其原因是什么？

答：(1)古罗马从共和时期到帝国时期教育上发生的变化有：

①在教育目的方面，由共和时期培养农民－军人变为帝国时期培养安分守己的公民和唯命是从的官吏，培养目标发生了很大转变。

②在教育形式方面，由共和时期家族教育、私学教育到帝国时期国家非常重视教育并且控制教育，建立了一套为帝国政治、经济服务的教育制度。

③在教育内容方面，主要有两点：其一，拉丁文取代希腊文占据主导地位；其二，教学形式主义严重、内容空洞。中等教育和高等教育中教学与生活相脱离，实用学科减少。高等教育中原有的雄辩术教育不受重视，因为辩才和智慧不是帝国所需的品质。

④在教育的宗教性方面，公元 1 世纪前后产生的基督教在公元 325 年被君士坦丁皇帝在尼西亚宗教会议宣布定为国教，成了罗马帝国统治人心的工具。教会为了宣传自己的教义并扩大影响，不断扩大教会学校的数量，此举对罗马的世俗教育形成了极大的冲击力量，并使罗马世俗教育最终走向衰落。

(2)发生转变的原因

①教育为政治服务

当罗马建立起庞大的帝国并转向中央集权的政治体制时，教育也应该随之发生一些改变，以适应政治的需要，这些转变归根到底是为了维护奴隶主阶级的统治地位。

②统治阶级对外扩张的需要

罗马在共和后期就不断向外扩张，经过长期的军事侵略成为跨欧、亚、非三洲的奴隶制大帝国。为了统治其庞大的领土，需要教育培养各种官吏统治人才，以便加强对全国的管理。

③统治阶级对内统治的需要

各地区的经济制度和政治情况差别很大，民族各异，语言不一，各族人民争取独立和解放的斗争极为激烈。为了有效地统治这一幅员辽阔、情况复杂的帝国，罗马贵族不得不废除共和政治，建立庞大、复杂的行政系统和官僚制度。与之适应的是在教育内容上更加注重法律教育，国家加强对教育的控制。

2. 西塞罗教育思想的特点是什么？它对后世有什么影响？

答：西塞罗是共和后期的政治家、雄辩家、文学家、哲学家，他的教育目的是培养雄辩政治家，集中体现在《论雄辩家》中。

（1）西塞罗的教育思想的特点

①关于雄辩家的定义，西塞罗认为，一个名副其实的雄辩家，必须能够就眼前的任何问题进行得体、生动而有说服力的演说。能就任何问题进行得体的演说是雄辩家的本质特点，雄辩家不同于一般的"会说话的人"。雄辩家与各种专家也有所不同，一个雄辩家在某一专业领域的知识当然不如该专业的专家，但只要获得该专业的基本知识以后，他讲起来就会比他请教过的专家还要生动、精彩。其中的原因，就在于雄辩家善于雄辩。

②关于雄辩家教育的内容和方法，西塞罗认为要想达到雄辩家的要求必须具备以下条件：

a. 广博的学识。西塞罗要求雄辩家拥有各种重要的知识和全部自由艺术。全部自由艺术是指文法、修辞，以及柏拉图所主张学习的算术、几何、天文、音乐等学科；各种重要知识则是指政治、各国政治制度、法律、军事和哲学等。

b. 在修辞等方面具有特殊的修养。因为决定雄辩家演讲水平高低的重要方面是遣词造句以及整个演说词的文体结构，所以在修辞方面要求表达正确，通俗易懂，优美生动，语言与主题相称。

c. 优美的举止与文雅的风度。

③关于雄辩家的培养方法，西塞罗强调练习的重要性。他主张要进行经常的模拟演说，同时要勤于写作，用写作来磨炼演说。他认为写作可以训练人的思维能力和表达能力，这种能力可以转移到演说能力中去。

④关于"人道"的教育思想，西塞罗认为要尽为人之道，必须具备三个方面的条件：

a. 必须充分发挥人之所以为人的特点。

b. 以同情、仁爱、礼让等规范处理人与人之间的关系。

c. 只有具备文化修养的人才能称作人，因为只有他们才能尽为人之道。因此，教育必须高度重视道德品质的培养。

（2）对后世产生的影响

西塞罗培养雄辩家的教育思想对罗马帝国时期以及后来的欧洲教育都产生过较大的影响。雄辩术起源于希腊，在罗马共和时期的政治生活和社会生活中作用甚大。它既是争取民众、击败政敌的工具，又是歌功颂德、取悦各方的手段，还是诉讼争斗、法庭辩护的途径，后来便逐渐演变成罗马学校中的主要课程。

到了共和末期，雄辩术的重要性随着共和制的解体大大降低。帝国时期更是没有它存在的土壤，但它的影响犹存，雄辩家成了有教养的罗马人的代名词。西塞罗的雄辩教育理论成为当时以及后来 100 多年中的权威性观点。

三、论述题

1. 试论昆体良教育思想在教育史上的贡献。

答: 昆体良是罗马著名的教育家，其代表作是《雄辩术原理》。其教育思想在教育史上的贡献主要为:

(1)培养雄辩家的教育观

①教育目的:昆体良主张教育的目的是培养有高尚德行的雄辩家、演说家。

②教育作用:昆体良充分肯定教育的巨大作用，他认为，天生的才能只是个人发展的一种可能性，天赋的发展有赖于不断的实践和教育。

③教育任务:德行是雄辩家的首要品质，学校教育优于家庭教育，此外要特别重视学前教育。

(2)教学观

①教学组织形式:他提出了分班教学的思想，主张把学生分成班级，这是最早的班级授课制的萌芽。

②课程设置:他认为专业知识应该建立在广博的知识基础上，培养雄辩家的学科应该包括文法、修辞学、音乐、几何、天文学、哲学等。

③教学方法:昆体良提倡启发诱导和提问解答的方法，教师应善于回答学生提出的问题，并向学生发问。

④教学原则:他提出量力原则、劳逸结合原则，他还有因材施教的思想。

(3)教师观

昆体良高度重视教师的作用，认为要做好教育工作，教师至关重要。因此教师应当具有全面的素质。

①教师应当是德才兼备的，既教学生学习基础知识，又教学生做人。

②教师对学生应宽严相济。

③教师对学生的教育应当有耐心。

④教师应当懂得教学艺术，使教学简明扼要，明白易懂、深入浅出。

⑤教师要注意儿童的个体差异，做到因材施教。

2. 怎样评价奥古斯丁的教育哲学体系?

答: 奥古斯丁是基督教教父哲学的集大成者，他把哲学用在基督教教义上，创立了基督教宗教哲学体系。他在重要著作《忏悔录》中结合自己的经历论述了对教育的一系列看法，其教育哲学成为中世纪基督教教育的理论基础。奥古斯丁的教育哲学体系主要包括以下几个方面:

(1)上帝就是真理

了解上帝可通过世俗知识(理性)和内省(信仰)的方式，世俗知识是为信仰服务的，必须绝对服从《圣经》。通过理性和思想而不是感觉来发现心中已有的真理和知识。

(2)“原罪论”与“禁欲说”

奥古斯丁认为每个人生来就是有罪的，宣扬“赎罪论”，认为人要去恶从善，依靠个人是无能为力的，所以要依靠上帝才能解救;他提倡“禁欲说”，宣扬“灵魂不灭论”，认为人性本恶，只有信仰上帝，摧毁欲望，才能从恶性中解脱，上升到神的境界。因此，他认为教育上的体罚是合理的，也是有益的、必要的，奥古斯丁的这种理论支配了欧洲教育达1000 年之久。

(3)宗教教育

奥古斯丁认为，教育的主要目的是为教会和神学服务，《圣经》是最主要的教材。对于古希腊和罗马的世俗文化，他主张要有条件地吸取并为基督教服务。他认为文法、修辞、逻辑等学科作为一种工具既可以为异教服务，也可以为基督教服务。他认为这些学科的形式可以保留，同时以《圣经》和其他宗教书籍对其加以改造。同样，数学、几何、天文、音乐也可以经过改造使它们为基督教服务。

奥古斯丁创立的基督教宗教哲学体系为基督教哲学开创了新的纪元。他的教育哲学深受基督教哲学体系的影响，为西欧中世纪的教会教育提供了理论基础。基督教教会控制的各级学校，无不以他的教育哲学为指针。了解奥古斯丁的教育哲学，是理解罗马帝国后期和西欧中世纪教育的重要环节。

第6章　西欧中世纪的教育

6.1　复习笔记

【知识框架(庖丁解牛)】

- 西欧中世纪的教育
  - 基督教教育
    - 基督教的教育形式和机构
    - 基督教的教育思想与理论
  - 封建主贵族的世俗教育
  - 中世纪大学的形成与发展
  - 城市学校的兴起
  - 中世纪教育的特点和意义

【考点归纳(游刃有余)】

公元476年，西罗马帝国灭亡，标志着西欧奴隶制社会的结束。从此，西欧进入了封建时代，从公元5世纪末到14世纪文艺复兴运动之前的这段历史一般称为中世纪。

考点一、基督教教育

1. 基督教的教育形式和机构

中世纪时期，教会学校一直是基督教教育的主要形式。典型的教会教育机构包括修道院、主教学校和堂区学校。

表6-1　基督教的教育形式和机构

教育形式	具体内容	
修道院	创始	①最早的修道院在4世纪由圣·安东尼在尼罗河边创办。 ②圣·本尼狄克是西方修道制的鼻祖，制定了严格的“管理条例”
	教育对象	①最初只接收志在侍奉上帝、成为神职人员的人进行教育。 ②后来一些并不以神职为生的人也被接纳，将两类学生分为“内学”和“外学”
	教学内容	①早期的修道院学校主要强调宗教信仰的培养，知识方面只学习简单的读、写、算。 ②以后的课程加多加深，“七艺”成为主要课程体系
	教学方法	教师口授与学生背诵抄写相结合
主教学校	设在教堂的所在地，学校条件较好，水平也比较整齐，但数量有限	

续表

教育形式	具体内容	
堂区学校	教育对象	①设在堂区教士所在的村落，是面向一般世俗群众的普通学校。 ②招收7~20岁的男青年入学，少数学校也招收女生
	教学内容	以灌输宗教知识为主，也有读、写、算及简单世俗知识的教学
	主要特征	堂区学校比修道院学校和主教学校的教育范围更大，培养目标更为宽泛，但学校的条件和水平较低

2. 基督教的教育思想与理论

基督教的教育思想具体体现为基督教的神学世界观、人生观（儿童观）、知识观、目的论等。

表6-2　基督教的教育思想与理论

要点	具体内容
神学世界观	①无所不能的神是世界的本源，人和世界万物都是神创造的。 ②人类因始祖犯罪而有了伴随终生的原罪。 ③人具有动物没有的理解力，可以学习抽象的东西、掌握真正的知识，敬畏与信仰上帝是人最基本的特性
儿童观	①古罗马基督徒演说家约翰·克里索斯托认为儿童像蜡一样，可塑性很强。 ②古罗马神学家奥古斯丁的原罪理论使儿童被约束与惩戒成为中世纪教育的重要特征。 ③爱尔兰神学家埃里金纳主张人神统一。 ④法国神学家阿伯拉尔区别罪感与罪罚，认为儿童心灵洁白，不会有罪
知识观	①以神学为最高学问是其典型特征。 ②德尔图良认为，对上帝的认识是真理，只能凭人对教会权威的信服以及信仰才能得到。 ③奥古斯丁提出"理解为了信仰，信仰为了理解"。 ④托马斯·阿奎那认为只有神学的研究对象可以脱离物质，科学要服从神学
目的论	教育过程是人摆脱尘世困扰的过程，成为具有纯粹信仰的人是其最终目的

考点二、封建主贵族的世俗教育

公元8世纪以后，随着封建制的发展和王权的巩固，有别于教会学校并能满足世俗封建主需要的教育形式和机构开始出现。世俗封建主的教育主要包括宫廷学校和骑士教育。

表6-3　封建主贵族的世俗教育

类型	具体内容	
宫廷学校	性质	由世俗封建主倡导，以宫廷为中心，主要培养王公贵族后代的教育机构
	教学内容	"七艺"及拉丁语和希腊语等科目
	教学方法	问答法，教师按教学目的编写问答式的教材，让学生背诵
	教育目的	培养封建统治阶级需要的官吏
	特征	具有浓厚的宗教色彩，与教会学校有着密切的联系和相似性

续表

类型	具体内容	
骑士教育	教育形式	家庭教育，在骑士生活和社交活动中进行
	教育目的	培养勇猛豪侠、忠君敬主的骑士精神和相关技能
	教育阶段	①家庭教育阶段：7 岁前由母亲在家抚养和教育，学习宗教知识和道德，锻炼身体。 ②侍童教育阶段：又称礼文教育阶段，7 岁后，封建主之家按等级把儿子(一般为次子)送入高一级贵族的官邸中充当随仆或侍童，侍奉主人和主妇，学习上流社会的各种礼节，一直到十四五岁。 ③侍从教育阶段：14 岁至 21 岁重点学习“骑士七技”，即骑马、游泳、投枪、击剑、打猎、弈棋和吟诗，还要侍奉领主和主妇，21 岁时举行授职典礼，授以“骑士”称号
	评价	①这种典型的武夫教育轻视文化知识的传授，重在灌输服从与效忠的思想观念，训练勇猛作战的本领，以培养成封建统治阶级的保卫者。 ②“骑士精神”是当时社会风尚的体现，培养社会需要的实用人才

考点三、中世纪大学的形成与发展

表 6－4　中世纪大学的形成与发展

要点	具体内容
兴起的背景	西欧社会生产力和社会的发展，表现在农业、手工业、城市、市民阶层、文化交流等方面
组织形式	①最初具有行会的性质，是自治的教授和学习中心。 ②按领导体制分为“学生大学”和“先生大学”，前者如南欧的大学，后者以巴黎大学为典型
教学内容	①课程开始不固定，13 世纪之后趋向统一。 ②文学为预科，之后可选择修读法学、医学、神学课程
发展趋势	逐渐被教会通过新型托钵修会(即教团)控制，本时期著名的托钵修会是方济各会和多明我会

考点四、城市学校的兴起

11～12 世纪开始，西欧城市中的手工业者、商人构成了市民阶层，出于本阶级经济和政治需要，一种新型城市学校应运而生。

表 6－5　城市学校的兴起

要点	具体内容
含义	为新兴市民阶层子弟开办的学校总称城市学校
类型	种类、规模不同，如行会学校(手工业)、基尔特学校(商业)等
特点	①领导权上，最初的城市学校大多由行会和商会开办，后来逐渐由市政当局接管。 ②教学内容上，城市学校强调世俗知识，尤其是商业、手工业相关知识。 ③学校的归属上，基本属于世俗性质，打破了教会的垄断。 ④培养目标上，为满足新兴城市的需要，具有职业训练的性质
影响	适应了生产发展和市民阶层的利益需要，对资本主义萌芽时期的生产方式有促进作用

考点五、中世纪教育的特点和意义

表 6－6　中世纪教育的特点和意义

要点	具体内容
教育的特点	封建等级性、浓厚的宗教性
教育的意义	①新的教育系统在对中世纪教育的反叛中形成近代教育制度与思想。 ②宫廷学校、骑士教育、中世纪大学和城市学校都以独特的方式为本时期的世俗教育做出了贡献。 ③教会学校虽被多方诟病，却与现代西方教育联系紧密，关注和研究的问题已经超越时代、地域和宗教的局限

6.2　典型题（含考研真题）详解

一、单项选择题

1. 西欧中世纪教育的典型特征（　　）。［统考 2020 年研］

A. 以修道院、主教学校、堂区学校为代表的基督教教育的繁荣

B. 以宫廷教育的骑士教育为代表的封建世俗教育的确立

C. 以中世纪大学为代表的西方大学的崛起

D. 以城市学校为代表的新型学校的出现

【答案】A

【解析】西欧中世纪的教育从性质上分为宗教教育和世俗教育。其中，宗教教育以修道院、主教学校、堂区学校为代表，世俗教育以宫廷教育、骑士教育、中世纪大学以及城市学校为代表。绣中世纪，基督教教育占据垄断地位，世俗教育并未形成典型气候。所以，BCD 三项提及的世俗教育虽然存在，但并非其典型特征。

2. 在西欧中世纪骑士教育实践中，以“骑士七技”为主要学习内容的阶段是（　　）。［统考 2018 年研］

A. 家庭教育　　B. 礼文教育　　C. 侍从教育　　D. 社会教育

【答案】C

【解析】在西欧中世纪骑士教育中，骑士的训练和养成分为三个阶段：①0～8 岁，家庭教育阶段，受母亲教育，主要学习宗教知识、道德教育和身体的养护与锻炼②8～14 岁，礼文教育阶段，贵族之家按其等级将儿子送入高一级贵族的家中充当侍童，侍奉主人和贵妇。③14～21 岁，侍从教育阶段，重点学习“骑士七技”，即骑马、游泳、标枪、击剑、打猎、弈棋和吟诗，同时还要侍奉领主和贵妇。年满 21 周岁时，通过授职典礼，正式获得骑士称号。因此答案选 C。

3. 17 世纪，以爱丁堡大学为代表的苏格兰大学与牛津大学、剑桥大学相比，更重视（　　）。［统考 2018 年研］

A. 大学自治　　B. 教授治校　　C. 科学教育　　D. 古典教育

【答案】C

【解析】A 项，自中世纪以来，中世纪大学的显著特征就是自治，不会成为爱丁堡大学的特色。B 项，教授治校是在柏林大学之后才有了教学思想。D 项，17～18 世纪欧洲逐渐有了新大学运动的开启，牛津剑桥就是传统的古典教育的大学，题干的表述牛津剑桥与爱丁堡大学不同，那么一定不同在教育内容上，是与传统大学相反的科学教育，因此答案选 C。

4. 西欧中世纪主要采用家庭教育形式的是(　　)。[统考 2017 年研]

A. 基督教教育　　B. 骑士教育　　C. 行会教育　　D. 城市教育

【答案】B

【解析】骑士教育是西欧中世纪的一种特殊教育形式，它与等级鲜明的欧洲中世纪封建制结构相适应。同时，它也是一种特殊形式的家庭教育，主要目标是培养勇猛豪侠、忠君敬主的骑士精神和技能。

二、名词解释

1. 西欧中世纪大学[西南大学 2013 研；华东师范大学 2000 研]

答：西欧中世纪大学是西欧中世纪以传授专业教育为主的高等教育机构。西欧中世纪社会生产发展推动城市出现、十字军东征促进地区间文化的交流以及新兴市民阶层的新的文化要求催生了中世纪大学的产生发展。从组织上看，大学最初是由进行知识交易的人自行组合而成的团体，它从最初形成时已表现出自治的特点，即学校的事务基本由学校自行管理。它分为“学生大学”和“先生大学”两种领导体制，大学课程主要有文科、法学、神学和医学等，并已初步形成了学位制度。中世纪大学是西欧社会开始走向文化繁荣的初步体现，大大推动了社会的发展。

2. “骑士七技”[华东师范大学 2010 研；南京大学 2003 研]

答：“骑士七技”是西欧中世纪骑士教育的主要内容，亦称“骑士七艺”，包括骑马、游泳、投枪、击剑、打猎、弈棋和吟诗。前五项为训练一个身体强壮、能征善战的武夫所需；下棋是为发展机智、沉着、判断情况和布置攻防的能力；吟诗则为培养歌颂武功、效忠领主和谄媚贵妇的才能。其主要目的在于培养封建统治阶级的保卫者，对文化知识的传授并不重视，且真正具有这些品质的骑士很少。

3. “七艺”[北京大学 2005 研]

答：“七艺”是西欧中世纪学校的七种学科，即文法、修辞学、辩证法、算术、几何、天文学和音乐，其来源可追溯到古希腊。具体内容包括：①文法。拉丁语和文学的基本常识。②修辞学。散文和诗的习作，亦兼学一些历史法律知识。③辩证法。类似于现代的形式逻辑。④算术。初为计算宗教节日的方法，后增一般运算。⑤几何。最初含地理知识和几何学的基本概念，后来增加欧几里得几何学和测量知识。⑥天文学。最初包含行星运行、寒暑更替等日用常识，后来增加一些天文学著作的学习。⑦音乐。含宗教音乐、音乐史和音乐理论。七艺中渗透神学内容，学习七艺是为学习神学做准备。

4. 城市学校［浙江师范大学 2011 研；华东师范大学 2003 研］

答：城市学校是西欧中世纪后期兴起的适合新兴市民阶层需要的世俗性学校，校舍建筑、经费开支、校长委任、教师选聘、儿童入学资格以及学费金额等均由市政机关确定，有拉丁文法学校、读写学校和私立学校等类型。其特点是：教师收取学费，学校设备简陋，无固定校舍；宗教仍为主要学科，但影响比教会学校小；无教科书，采用严格体罚，允许学生接受僧侣职员及市民的捐助；举行戏剧演出会和各种游戏。此类学校的出现打破了教会对学校事业的垄断，到 15 世纪，西欧各国所有城市均建立了此类学校。

5. 巴黎大学

答：巴黎大学是法国公立大学，欧洲最古老的大学之一，位于巴黎。它是在西欧中世纪成立的较早的大学之一，最初是在主教学校的基础上发展起来的，以神学著称的大学，以后又增加了医学和法学，再加上以传授“七艺”为主的文科，共计四科。巴黎大学的校务是受校长和教授们决定的，因而有“先生大学”之称。其最盛时，学生达 5 万人，其设立四大学科的模式，成为当时西欧大学的典范。

三、简答题

1. 欧洲中世纪大学是怎样形成的？［南京大学 2003 研］

答：中世纪大学的产生是中世纪教育最具有意义和价值的历史画卷，对其形成过程分析如下：

(1) 中世纪大学形成的背景

①社会经济的发展推动城市的出现。西欧封建社会在 11～12 世纪王权日见强固，社会趋于稳定，农业生产稳步上升，手工业逐渐成为专门的职业，由工商业者所定居的城市开始在西欧的一些地区出现。

②十字军东征促进地区间文化的交流。十字军东征虽然从宗教的观点来看是失败的，但从经济和文化的角度来看，它们却广泛地促进了东西方的接触，刺激了贸易的发展，加强了不同文化的交流。

③新兴市民阶层的新的文化要求。新兴的市民阶层成为推动社会向前发展的力量，他们不仅提出了新的经济、政治要求，也提出了新的文化要求。这种要求从十字军东征后重新在欧洲出现的古希腊、罗马文化遗产中找到了依据，追求新学问成为一种时尚。而当时的传统教育机构不能满足这种需求，因而促使新的教育机构和形式开始出现，其中中世纪大学最为引人注意。

(2) 中世纪大学形成的途径

最初的中世纪大学是一种自治的教授和学习中心，一般由一名（或数名）在某一领域有声望的学者和他的追随者自行组织起来，形成类似于行会的团体进行教学和知识交易。其形成的途径基本有两条，分析如下：

①由主教学校脱胎而成，这些学校往往有素负盛名的学者任教师，各地青年慕名而来，逐步发展为大学，这种大学由教师掌管校务，称为“先生大学”。如法国的巴黎大学，欧洲北部的英格兰、苏格兰、瑞典、丹麦等地的大学，大多属于这种类型。

②以学生团体为中心，吸引名流学者前来讲学，逐步发展为大学。这类学校由学生管

理校务，如教授的聘请，学费的数额，学期的期限等等，都由学生决定，称为“学生大学”。欧洲南部如意大利、法国(巴黎大学除外)、西班牙、葡萄牙等地的大学，一般属于这种类型。

总之，作为西欧社会发展特定阶段的产物，中世纪大学的产生有其必然性。它是当时社会政治、经济和文化发展的必然结果，同时又产生了重大的社会历史意义。中世纪大学正是适应世俗生活的需要而产生的，它的兴起是西欧文化教育发展中最大的成就。中世纪大学不仅促进了城市的发展，还为文艺复兴和宗教改革准备了条件。

2. 西欧中世纪教育的基本性质和主要特征是什么？

答：(1)中世纪教育的基本性质

中世纪教育是一种具有宗教性、等级性和世俗性的教育。中世纪前半期，教育机关被教会垄断，世俗教育被扼杀，学校附设在教堂，教育目的是培养僧侣及为宗教服务的专门人才。同时，也向群众宣传宗教，培养对宗教的虔诚信仰，僧侣教育与教民教育成为教育的主体。教学内容主要是神学，教学方法采取注入式，要求学生死记硬背，但信勿疑。学校管理奉行禁欲主义，以残酷的体罚压制学生。

由封建主控制的宫廷学校则招收皇亲贵族子弟，培养治术人才。9 世纪末到 12 世纪，封建贵族重视骑士教育，以加强维护封建制度的武装力量。中世纪后期，由于政治经济的发展和各地文化的交流，促成了 12 世纪城市大学的产生和发展。这些学校仿照手工业行会的形式组织起来，由师生共管，打破了教会的垄断和封建社会的闭塞局面。

(2)中世纪教育的主要特征

①宗教性、神学性。这是中世纪教育思想最为根本的特征，这种特征又是由基督教会对文化教育的完全控制以及基督教义成为中世纪西欧社会的意识形态这种现实所决定的。

②保守，发展缓慢。无论与以前的希腊罗马时期相比，还是与以后的文艺复兴和宗教改革相比，中世纪都是一个教育思想相对贫乏和衰微的时期，因此发展较为缓慢。

③开放性，普遍性。受教育人群扩大，对教育的认识未分化。

(3)中世纪教育的意义

①中世纪教育为西方文明发展留下了大量的遗产，形成了一个较大的学校系统，教育思想首先强调德育，为后来的德育提供了很多见解。

②提出了很多教学方面的合理的问题，如分班教学。

③中世纪教育家跃然推崇经院哲学，试图调和信仰和理性的矛盾，这偏偏为理性的发展打通了道路。

3. 什么是教会学校？其在西欧中世纪占据怎样的地位并有什么作用？

答：(1)教会学校的含义

教会学校是中世纪时期基督教教育的主要形式，当时进教会学校读书的一般是僧侣子弟，其次是世俗封建主贵族次子以下的子弟。教会学校具有以下特点：

①教育目的是培养圣职人员和信徒，扩大教会势力，巩固封建统治。

②教学内容神学化。主要课程是神学和“七艺”，神学包括《圣经》、祈祷文和教会的礼仪等；“七艺”是从古希腊教学内容演变而来的，经基督教改造，为神学服务。

③教育方法原始、机械、烦琐。学校一开始用拉丁语进行教学，上课时教师口授，学生记、背。为了维护教会、神学的绝对权威，教会学校强迫学生绝对服从《圣经》和教师，个别施教，纪律严格，体罚盛行。

④教会学校的种类主要有修道院学校、主教学校、教区学校，各有特点。

(2)教会学校的地位

教会学校在西欧中世纪教育中占有重要的位置，对欧洲教育的发展产生了重要的影响。在中世纪时期，教会学校是教育的最重要形式，承担着整个中世纪时期教育发展的职能。在教会统治欧洲时，世俗教育发展缓慢，其水平也低，无法实施比较系统的教育，其作用也得不到全面地发挥。教会学校作为一个比较系统的体制，肩负着从初等教育到高等教育的教学任务，对人民的教化以及宗教思想的宣传具有积极意义。

(3)教会学校的作用

教会学校在培养僧侣和其他为教会服务人员的同时，向群众宣传宗教，使劳动群众服从教会和封建统治。因此，西方教育发展中一个重要主题是教会和学校的分离，即教育的世俗化和国家化。但是，在中世纪早期世俗学校普遍消亡、文化衰落的情况下，教会教育在保持、传播古代文化、发展封建文化方面，客观上起了一定的作用。其比较完备的宗教教育体制，承担从初等教育到高等教育的功能，对人民实行普遍的教化功能，在一定程度上，还唤醒了世俗教育的发展，促使中世纪教育呈现出一个过渡的阶段。

第7章　拜占廷与阿拉伯的教育

7.1　复习笔记

【知识框架(庖丁解牛)】

- 拜占廷与阿拉伯的教育
  - 拜占廷的教育
    - 世俗教育
    - 教会教育
  - 阿拉伯的教育
    - 萨拉森帝国及各大食国的教育
    - 塞尔柱帝国和奥斯曼帝国时期的教育
  - 拜占廷和阿拉伯教育的特点及其影响

【考点归纳(游刃有余)】

考点一、拜占廷的教育

公元395年，罗马帝国分裂为东西两个独立国家，东部以君士坦丁堡为都城，这就是历史上的东罗马帝国，史称拜占廷帝国。

1. 世俗教育

表7－1　世俗教育

要点	具体内容
初等教育	招收6～12岁儿童，学习文法、算术和《荷马史诗》等，保持了希腊化时代的传统
中等教育	主要是文法学校，学习文法和古典作品
高等教育	①最有影响的高等学校是创办于425年的君士坦丁堡大学。 ②目的是为国家培养高级官吏。 ③学生修业5年，以“七艺”为基础课程，法学受到格外重视
宫廷教育与府邸教育	①宫廷教育是皇帝请教师教其子女“七艺”和柏拉图、亚里士多德的著作。 ②府邸教育是上层人士接受世俗教育的形式，他们常邀请学者到家讨论文、史、哲、医、政治、地理等

2. 教会教育

表7－2　教会教育

要点	具体内容
社会背景	教会受皇帝控制，皇帝也给予教会特权，不存在高于皇权的教权

续表

要点	具体内容
隐修院(修道院)	①安东尼创立于 4 世纪初。 ②注重祈祷、读经、行善和生产劳动，主张苦思和默想。 ③附属有孤儿院，设立养老院
座堂学校	①培养神职人员，主要教授神学，也有世俗的哲学和古典文学。 ②君士坦丁堡大座堂学校是拜占廷最高级的教会学校

考点二、阿拉伯的教育

1. 萨拉森帝国及各大食国的教育

阿拉伯教育以伊斯兰教为中心，但具有强烈的世俗性。在萨拉森帝国及各大食国时期，阿拉伯教育已具备多样的形式。

表 7－3　萨拉森帝国及各大食国的教育

教育形式	具体内容	
昆它布	性质	简陋的初级教育场所
	教育对象	教师在家招收少量的学生
	教学内容	《古兰经》、先知的故事、语法、书法、诗歌、算术等，也教骑马、游泳
	教学方法	注重背诵
	发展趋势	伊斯兰政权建立后，随着清真寺的发展，昆它布多设在清真寺内外，成为普遍的教育场所
宫廷学校	教育对象	王子
	教学内容	诗歌、宗教、文法、文学等
	教学方法	多由家庭教师进行指导，一些宫廷学校还经常举办沙龙，邀请当时的著名学者参加
府邸教育	8 世纪起，多数穆斯林领袖都雇教师来教育他们的孩子，形成府邸教育	
学馆	私人讲学的重要形式，相当于中等教育，学生不分贫富	
清真寺	性质	既是教徒礼拜的圣地、施行政令的要地、宗教法庭的所在，也是重要的教育场所，实际上相当于高等教育机构
	教育对象	鼓励男童入学，也吸收女童入学
	教学内容	神学、哲学、史学、文学、法学、数学、天文学
图书馆和大学	①图书馆因尊重学术而发达，不仅搜集图书、吸收文化，而且培养学者，是特殊形式的高等教育机构。 ②大学由图书馆发展而来，并成为知名学府	

2. 塞尔柱帝国和奥斯曼帝国时期的教育

表 7－4　塞尔柱帝国和奥斯曼帝国时期的教育

要点	具体内容
塞尔柱帝国时期的教育	①建立学校制度，提供教育经费。 ②清真寺的教育依然存在，新学校已成为教育的主干。 ③创建尼采米亚大学

续表

要点	具体内容	
奥斯曼帝国时期的教育	教育对象	选送 12～14 岁的儿童到伊斯坦布尔学习
	教育形式	16 世纪，宫廷学校分初、高两级
	教育期限	初级和高级均修业 6～8 年
	教育内容	①初级为基本训练，高级为分科训练。 ②学科(学艺十科)、体育、战术和专业训练
	教育目的	培养帝国文武官员

考点三、拜占廷和阿拉伯教育的特点及其影响

表 7－5　拜占廷和阿拉伯教育的特点及其影响

要点	具体内容	
拜占廷教育	特点	①直接继承了古希腊和罗马的文化教育遗产。 ②存在着因世俗生活需要而得到发展的世俗教育体系。 ③教会的文化教育体系与世俗的文化教育体系长期并存
	影响	发展具有自己特色的教育，保存与传播了古希腊、罗马文化，对东西欧文化教育的发展产生了巨大影响，对阿拉伯教育的发展也起了一定的作用
阿拉伯教育	特点	①建立了伊斯兰初等学校和高等学校。在课程方面《古兰经》与科学知识并重。 ②教师以穆斯林为主体，也允许犹太教徒和基督教徒充任教师，出现了如安萨里等一批著名的教育家。 ③许多学校都是教徒私人捐资兴建的。 ④教育理论贫弱，但注重尊师重教
	影响	①阿拉伯人由于其文化教育政策的开明和尊师重教、鼓励学术研究而使其教育白手起家并迅速发展。 ②阿拉伯人在文化教育上取得的辉煌成就对西欧中世纪教育的发展和文艺复兴做出了不可磨灭的贡献

7.2　典型题(含考研真题)详解

一、单项选择题

在中世纪，直接继承了古希腊罗马文化教育并使之得以保存和传播的是(　　)。[统考 2010 年研]

A. 拜占廷教育　　B. 阿拉伯教育　　C. 基督教教育　　D. 世俗封建主教育

【答案】A

【解析】中世纪，在拜占廷的封建化过程中始终存在比较强大而统一的中央世俗政权，还有从古代承继下来的比较繁荣的城市和发达的工商业。因此，拜占廷的世俗教育比较发达，主要表现在以下几个方面：盛行私人讲学；中等学校学习的基本内容是文法和古典作品；高等学校以“七艺”为基础课程，重视法学教育，医学教育也比较发达等，而且根据拜

占廷的政治、经济特点，特别是它的教会与世俗政权之间的关系对它的文化教育的发展产生了明显的影响，使它具有以下的特点：其一，直接继承了古希腊和罗马的文化教育遗产；其二，存在着因世俗生活需要而得到发展的世俗教育体系；其三，教会的文化教育体系与世俗的文化教育体系长期并存。此外，在拜占廷教会，除主教外，所有教士均可以结婚，这一点对教会教育的内容和方式也有影响。可见，拜占廷教育直接继承了古希腊、罗马文化教育并使之保存和传播。

二、论述题

1. 试评述拜占廷的教育及其影响。

答：拜占廷的教育包括世俗教育与教会教育，其教育具有自身特色，既保存与传播了古希腊、罗马文化，对东西欧文化教育的发展产生了巨大影响，又对阿拉伯教育的发展也起了一定的作用。

(1)拜占廷教育的特点：

①直接继承了古希腊和罗马的文化教育遗产。

②存在着因世俗生活需要而得到发展的世俗教育体系。

③教会的文化教育体系与世俗的文化教育体系长期并存。

④除教主外所有的教士均可结婚，这一点对教会教育的内容和方法也有影响。

(2)影响：

①拜占廷的教育起了保存和传播古希腊、罗马文化的作用。

②拜占廷的文化教育对两欧有很大的影响。在很长的时间里，拜占廷与西欧特别是意大利保持着经济联系。11世纪前，拜占廷的文化教育水平虽低但还是高于东欧各国，而且也处于西欧各国之上。到君士坦丁堡来求学的不只是拜占廷各地的青年和属于阿拉伯语地区的青年，还有意大利的青年。拜占廷文明对意大利的文艺复兴也起了一定的作用。因为意大利的人文主义者正是从拜占廷的学者那里学习了希腊语和希腊作家的某些著作。

③拜占廷发展了具有自己特色的教育，其文化教育对阿拉伯教育的发展也起了一定的作用。

2. 试述阿拉伯文化教育迅速取得伟大成就的原因及其贡献。

答：(1)阿拉伯文化教育迅速取得伟大成就的原因

阿拉伯教育取得迅速发展的原因是阿拉伯国家的哈里发推行了一种比较开明的文化教育政策。他们对被征服地区人民的宗教信仰和文化采取了比较宽容的态度，并鼓励学术研究。因此，阿拉伯人就能在继承东、西方文化成果的基础上迅速发展自己的文化与教育。

(2)阿拉伯人对人类文化教育做出的贡献

①阿拉伯人在文化科学上取得了巨大成就。主要表现在：阿拉伯的伟大数学家穆罕默德·伊本·穆萨创立了代数学。他编写的《积分和方程计算法》于12世纪传到西欧，一直到16世纪还是大学使用的教材。通过他的著作，西方还懂得了使用阿拉伯数字。

②阿拉伯人在天文学、医学、哲学和文学方面也都做出了自己的贡献。主要有：

a. 阿拉伯著名的化学家和医生拉齐斯著有许多关于炼丹术和医学的书籍，其中的《秘典》一书包含着丰富的化学知识，《医学集成》吸取了希腊、波斯和印度的医学知识，《天花和麻疹》载有这些疾病的临床记录。

b. 阿拉伯的另一名医学家伊本·西那则被誉为“医中之王”。他的《医学原理》一书讨论了传染病，寄生虫病，皮肤病，精神病等广泛的医学问题，记载了七百六十多种药物，因而有“医中圣经”之称。

c. 阿拉伯的哲学家伊本·拉西德(即阿威罗伊，1126~1198)对亚里士多德著作所做的注释、提示和摘要在西方流传了几个世纪，对西欧重新认识古希腊文化产生了重要影响。

d. 当时诸大食国，特别是白衣大食国的学校也因其教学内容的充实吸引了许多西欧青年，使他们的思想受到影响，这对西欧文艺复兴也起了一定的孵化作用。

第二编 近代教育史

第8章 文艺复兴与宗教改革时期的教育

8.1 复习笔记

【知识框架(庖丁解牛)】

- 文艺复兴与宗教改革时期的教育
  - 人文主义教育
    - 文艺复兴运动与人文主义的特征
    - 人文主义教育的发展
    - 人文主义教育的基本特征
  - 新教教育
  - 天主教教育
    - 耶稣会的教育活动
    - 人文主义教育、新教教育与天主教教育的冲突与融合
    - 宗教对教育的影响

【考点归纳(游刃有余)】

文艺复兴时期的教育大致可分为人文主义教育、新教教育、天主教教育(包括从中世纪沿袭下来的以及在反宗教改革运动中由耶稣会创办的)三种类型。这三种教育势力互相交织，关系错综复杂。

考点一、人文主义教育

1. 文艺复兴运动与人文主义的特征

(1)文艺复兴运动

表8-1 文艺复兴运动

要点	具体内容
时间	公元14~16世纪
地点	从意大利开始，遍及整个欧洲
含义	①表面是指古希腊、古罗马人文学科的复活或复兴。 ②实际是指新文化对古代文化的继承、利用和发展，古典文化成为表达新文化的媒介
特点	时间长，涉及面广，影响深远

(2)人文主义的特征

文艺复兴运动所倡导的新文化被称为人文主义文化。人文主义世界观是人文主义教育的指导思想，在人文主义教育理论与教育实践中有鲜明的反映人文主义者世界观的特征：

①歌颂赞扬人的价值和尊严。这是人文主义文化的核心。

②宣扬人的思想解放和个性自由。

③肯定现世生活的价值和尘世的享乐。

④提倡学术，尊崇理性。

2. 人文主义教育的发展

人文主义教育的发展可分为前后两个时期，前期所体现的人文主义精神比较狭窄，以意大利和北欧的人文主义教育思想为代表，后期所体现的人文主义精神则比较宽泛。

(1)前期人文主义教育思想的代表人物与观点

表 8－2 前期人文主义教育思想的代表人物与观点

地区	代表人物	主要观点
意大利	弗吉里奥 《论绅士风度与自由学科》	①作为率先阐述人文主义教育思想的学者，认为对青少年进行通才教育来使身心全面发展是人文主义教育的目的。 ②主张所教授的内容适合学生的年龄和个人爱好。 ③最推崇历史、伦理学(道德哲学)和雄辩术三门科目。 ④重视体育、文学、自然知识、医学和法律
	维多里诺	①主张身心和谐发展。 ②把学校称为“快乐之家”。 ③主张通才教育，以古典学科为中心课程。 ④重视学生德行与基督信仰的养成
	格里诺	①古典文化教育本身就是目的。 ②先学语法，后学古典作品。 ③标榜西塞罗文体，作为唯一典范
北欧	尼德兰的伊拉斯谟 《基督教君主的教育》 《论童蒙的自由教育》	①人文主义基督教化，基督教人文主义化。 ②使学生成为一个虔敬的基督教徒。 ③教育的最根本目的是学古人之道以改变现实社会
	西班牙的维夫斯 《知识论》《论灵魂与心灵》	①基督教与人文主义相结合，一切教育都应引导到虔敬。 ②以新的哲学方法、用心理学方法解决教育问题。 ③正确的认识方法是归纳法而非演绎法
	德国的温斐林	①学术知识与宗教信仰并行。 ②反对古典语言学习中专重文法的错误倾向
	英国的莫尔 《乌托邦》	①废除私有制，实行公共教育制度。 ②学习古希腊作家的作品。 ③培养儿童的品质及对神的虔敬。 ④对青少年进行劳动教育
	法国的比代 《论王侯的教育》	建议君主学习古典著作

(2)意大利与北欧人文主义教育的异同

表 8－3　意大利与北欧人文主义教育的异同

要点	意大利人文主义教育	北欧人文主义教育
差异	具有较强的世俗性	十分强调虔诚与道德的价值
	在文艺复兴前期实行城市共和制，共和政体要求培养富于自由、平等精神的公民	崇尚君主制，把治理国家的希望寄托在君主和朝臣身上，并将教育的重点放在未来的君主和朝臣身上
共同点	①古典科目构成人文主义课程的基础和主体。 ②强调教育与社会的联系，力图通过教育改造社会，自然科学的研究尚未受到重视。 ③重视古典语言，本族语在教育中地位甚低。 ④早期人文主义教育后来走向形式主义	

(3)后期人文主义教育

①15 世纪末 16 世纪初，意大利政局发生变化，共和制为君主制所取代，人文主义教育家由注重培养合格的公民转而注重培养理想的君主和朝臣。

②法国的保守势力一直比较强大，极力压制新思想的发展，过分的压制带来了强烈的反抗，一种崭新的教育精神在保守的土地上勃然升起，拉伯雷、拉谟斯、蒙田成为新教育精神的象征。

③与前期人文主义教育相比，后期人文主义教育的世俗性更强，学科范围更加扩展，更加贴近现实生活，近现代精神愈加强劲。

(4)后期人文主义教育主要代表人物的教育思想

表 8－4　后期人文主义教育主要代表人物的教育思想

代表人物	主要观点
拉伯雷 《巨人传》	①主张教育自由，打破一切戒律，尊重个人价值和个人自由。 ②主张身心并行发展，重视体育。 ③要求认识所有事物，注重本民族语言的教学。 ④反对经院哲学的烦琐论证和死记硬背，在理解的基础上掌握知识
拉谟斯	①反对迷信权威，人人有自由思考的权力。 ②强调知识的实用性
蒙田 《论学究气》 《论儿童的教育》	①反对培养学究，要求培养“完全的绅士”。 ②倡导怀疑精神，反对盲信盲从，注重对知识的理解。 ③反对空疏无用，崇尚实际效用
埃利奥特 《行政官之书》	①教育的目的是培养绅士而非学究。 ②学习古典语言应以本族语言为基础。 ③重视教育中具体经验的价值
培根	①提出归纳法，抨击以烦琐主义和形式主义为特征的经院哲学。 ②强调自然科学知识的价值。 ③应该对古典文献应甄别而非全盘接受。 ④提出“泛知识”的建议

3. 人文主义教育的基本特征

(1)人文主义教育的基本特征有：人本主义、古典主义、世俗性、宗教性、贵族性。

(2)人文主义教育的进步性与落后性并存，尽管它还有不足之处，但它涤荡了中世纪教育的阴霾，展露出新时代教育的灿烂曙光，开欧洲近代教育之先河。

考点二、新教教育

表 8－5　新教教育

要点	具体内容
宗教改革与新教建立	①产生于16世纪初的宗教改革是文艺复兴在宗教领域的继续。 ②宗教改革使欧洲的宗教势力的划分呈现出错综复杂的局面，新教产生，主要有路德派、加尔文派和英国国教
路德派新教与教育	①教育具有宗教目的的同时也具有世俗目的。 ②教育权由国家而不是教会掌握，要求国家普及义务教育。 ③建立包含初等、中等和高等教育的国家学校教育新体系。 ④重视学校教育和教学的管理，加强对各级学校的管理和监督。 ⑤除了进行圣经教育之外，还吸收了人文主义教育的方法和内容
加尔文派新教与教育	①注重为人的发展提供规范化、理性化的环境。 ②提出普及免费的教育，并进行了教育实践。 ③重视人文学科的价值，将宗教科目与人文科目结合。 ④学习古典文科中学的管理模式，创立了相对完整的教育体系
英国国教与教育	①国家通过教会管理学校。 ②教育人员要服从国教会，将受教育权利与宗教信仰结合。 ③教育内容和方法具有人文主义色彩。 ④民族意识增强，加强英语教学，教育与社会生活的联系更紧密

考点三、天主教教育

1. 耶稣会的教育活动

表 8－6　耶稣会的教育活动

要点	具体内容
概况	作为反宗教改革运动的先锋和中坚，耶稣会等级森严，纪律严明，它不仅是宗教团体，也是教育组织，兼以传教和教育为其使命
教育分级	分为中等教育(初级部)和高等教育(哲学部和神学部)
教学内容	①初级部学习人文学科。 ②哲学部学习哲学与古代经典中的自然科学知识。 ③神学部学习《圣经》和经院哲学
组织管理	以《耶稣会章程》和《教学大全》为标准和尺度
师资条件	重视对教师进行宗教训练、知识训练和教育教法训练
教学方法	①分寄宿制和全日制，以班级为单位集体授课。 ②教学方法多样，提倡温和纪律，很少体罚

2. 人文主义教育、新教教育与天主教教育的冲突与融合

表 8－7　人文主义教育、新教教育与天主教教育的冲突与融合

要点	具体内容
冲突	①它们所服务的目的不同，这是三种教育的根本差异。 ②新教教育与天主教教育都是宗教教育，都反对人文主义教育中尤其是意大利人文主义教育中的异教因素。 ③人文主义教育具有贵族性，新教教育具有群众性和普及性，天主教教育尤其是耶稣会的教育也带有强烈的贵族性。 ④人文主义教育的贵族性是由人文主义运动的性质所决定的，与耶稣会教育的贵族性在性质上是不同的，后者的目的在于通过教育使社会精英或未来的社会精英为天主教服务
融合	都很重视古典人文学科，在教育教学的管理上也有相通之处

3. 宗教对教育的影响

(1)宗教战争破坏了欧洲社会，教育饱受摧残，但宗教冲突使冲突的参与者产生宗教宽容的意识，给以后的社会尤其是政治、文化和教育的发展带来了生机。

(2)世俗权力和宗教权力的分离对教育而言则意味着教育势必要成为一种民族的教育，一种由国家控制领导权的教育，一种避免宗教争端的世俗性、公共性的教育。

(3)宗教冲突使教育的世俗性加强，表现在世俗性知识比重加大，自然科学进入课程，教育的总体精神正在发生重大转折，世俗性的近代教育已从根本上取代了宗教性的中世纪教育，标志着教育正迈向近代化。

8.2　典型题(含考研真题)详解

一、单项选择题

1. 近代以来欧洲教育逐渐世俗化，这种发展特征在学校教育制度中表现为(　　)。[统考 2020 年研]

A. 教育对象扩大到平民阶层　　B. 公立学校与宗教组织分离
C. 教育与生产劳动相结合　　D. 义务教育普及

【答案】D

【解析】近代欧洲教育朝着世俗化方向发展的表现为义务教育普及、教育从宗教中分离、教育与生产劳动相结合等。这些特征在学校教育制度中具体表现为义务教育普及。

2. 宗教改革对欧洲教育发展影响的具体表现是(　　)。[统考 2017 年研]

A. 教育管理的国家化　　B. 教育内容的古典化
C. 教学语言的统一化　　D. 教学目的的单一化

【答案】A

【解析】宗教改革对欧洲教育发展的一个重要影响便是将教育与教会分离，实行教育管理国家化。如路德派的代表人物路德认为，国家政权不仅应管理世俗事务，也应管理精神事务。因此，应当由国家掌握教育事业，负责开办学校、提供经费、任命教师。

3. 文艺复兴时期人文主义教育具有鲜明的人本取向，这种特征主要表现为(　　)。[统考2016年研]

A. 教育目标侧重个性发展　　B. 重视古典人文学科的学习

C. 教育对象偏重上层子弟　　D. 关注现实生活

【答案】A

【解析】文艺复兴时期人文主义教育的指导思想是人文主义世界观，即歌颂赞扬人的价值和尊严，宣扬人的思想解放和个性自由，在人文主义教育理论与教育实践中有鲜明的反映。其在培养目标上注重个性发展，在教育教学方法上反对禁欲主义，尊重儿童天性，坚信通过教育这种后天的力量可以重塑个人、改造社会和自然，这些都表现出人本主义内涵，人的力量、人的价值被充分肯定。

二、名词解释

人文主义教育[华东师范大学2013研]

答：人文主义教育是指在人文主义思想的影响下，出现的不同于中世纪教育思想体系的教育理论和教育实践。它代表资产阶级的利益和要求，以资产阶级个人主义为核心，提倡以“人”为中心，歌颂“人”的价值和力量。其基本特征是：人本主义、古典主义、世俗性、宗教性和贵族型，代表人物有弗吉里奥、维多利诺、莫尔、蒙田等。人文主义教育的发展可分为前后两个时期，前期所体现的人文主义精神比较狭窄，后期所体现的人文主义精神则比较宽泛。人文主义教育促进了教育的革新，对西方近代科学的诞生产生了决定性影响。

三、简答题

1. 简述弗吉里奥的教育贡献。[华东师范大学2014研]

答：弗吉里奥是第一个表达文艺复兴教育思想的人。他是拜占庭学者克里索罗拉的学生，曾在巴维亚、威尼斯、米兰、帕多瓦和罗马等地从事教育活动，他在两个方面对当时的教育产生了重要影响。

(1)《雄辩术原理》的注释

在西方教育史上，弗吉里奥对昆体良《雄辩术原理》的注释，引起了文艺复兴时期西欧教育界和学术界对昆体良教育思想的普遍重视和广泛热情，从而间接地推动了人文主义教育思想和教育实践的发展。弗吉里奥全面、系统地概括了人文主义教育思想的基本原则和目的，为人文主义教育的具体实践指出了方向，从而直接地促进了文艺复兴时期西欧教育的发展。

(2)《论绅士风度与自由学科》的专题论文

弗吉里写了一篇题为《论绅士风度与自由学科》的专题论文，认为人文主义教育的目的在于对青少年施以通才教育以培养身心全面发展的人。在教育方法上，弗吉里奥认为必须使所教内容适合学生的个人爱好和年龄特征。在教育内容方面，弗吉里奥最推崇的三门科目是历史、伦理学(道德哲学)和雄辩术。弗吉里奥的《论绅士风度与自由学科》问世后，即产生了广泛的反响。该书第一次系统、全面地阐述了人文主义教育的理想、内容、方法，为人文主义教育的兴起、发展，做出了重要的贡献。它对于反对中世纪教会教育、宗教教育，也发挥了一定的作用。更为重要的是，它提出了全新的教育目的、教育内容、教学方法，这些新思想对以后几个世纪的欧美教育，都产生了深远的影响。

2. 简述维多里诺"快乐之家"的基本特征。［北京师范大学 2003 研］

答："快乐之家"是意大利人文主义教育家维多里诺应曼托瓦的贡扎加公爵的聘请，于 1423 年主办的一所宫廷寄宿学校。"快乐之家"的基本特征包括：

(1) 校址环境优美，校风朴素自然。学校设于孟都亚郊外湖滨宫，校舍整洁舒适而不华丽，环境优美而无虚饰，附近有广阔的原野和幽静的花园，学生在此可以过着活泼愉快的学习生活。

(2) 师生关系融洽，学生的生活与学习过程充满欢乐。维多里诺采用当时先进的教学方法对学生进行教育。他改变了中世纪学校呆读死记的教学方法，而运用新方法进行教学。他用活动字母教读写，通过游戏传授算术初步知识，教几何时，让学生作图和测量。

(3) 活泼的氛围。维多里诺强调发展儿童的个性，主张教师身教示范，以慈爱之心关怀学生，与学生共同生活。在他的学校里，很少采用体罚，学生通过团体游戏引起兴趣，激发责任感。在音乐、舞蹈和唱赞美诗等多项活动中，发展儿童主动积极活泼的天性。同时，在每日祈祷中，培植宗教感情和信仰。

(4) 实行通才教育，并以古典学科作为课程中心。维多里诺提倡身心兼顾，德智并重，发展儿童个性与培养社会责任感相结合的教育。学生必须上体育课，并进行军事训练，学生的智育学习从拼读字母和说话训练开始，然后逐步学习拉丁文、希腊文，研究希腊罗马古典著作，经常进行演说练习，并学习数学、天文、历史和自然科学。他重视学生品德的培养，重视学生基督教信仰的养成，并认为古典著作所包含的异教道德观念与基督教教义是不冲突的。

总之，"快乐之家"既反映了人文主义思想，也表现出当时仍占支配力量的基督教的巨大影响，进步学者都把"快乐之家"看成是人文主义学校的发源地。

四、论述题

试从西方教育思想演变的角度，论述人文主义教育发展的历史与现状。［华中师范大学 2003 研］

答：人文主义教育思想是在文艺复兴时期形成和发展起来的，其影响久远，人文主义教育思想经历了几个发展阶段，是一种强调尊重儿童、注重使儿童身心全面发展的思想。对其发展的历史和现状分析如下：

(1) 文艺复兴时期的人文主义教育

①前期人文主义教育。文艺复兴前期的人文主义教育思想比较重视以古典语言和古典学科为中心的教育活动，并把宗教教育作为人文主义教育的重要内容。如维多里诺主张通才教育，并以古典学科作为课程的中心，强调古典著作对于培养学生道德品质的重要性。伊拉斯谟则主张基督教与人文主义并重，强调人文主义基督教化，基督教人文主义化。

②后期人文主义教育。文艺复兴后期的人文主义教育思想比较重视教育的世俗性和贴近现实生活，强调教育应培养新人。如拉伯雷提倡一种新的个人的教育自由观；主张身心

并行发展；要求认识所有事物等。蒙田倡导教育要培养一种具有渊博和实用知识的、有良好判断力和道德品质、有良好体魄的新人。

(2)宗教改革时期的人文主义教育

宗教改革时期的新教教育继承和发展了文艺复兴时期的人文主义教育思想，也比较注重教育世俗性，但它更强调教育的群众性和普及性。

路德新教强调国家应兴办学校，教育权应由国家而不是教会掌握，教育应在所有等级的儿童中得到普及。加尔文也提出了普及教育、免费教育的主张，要求国家开办学校，实行免费教育，使所有儿童都有机会受到教育，学习基督教教义和日常生活所必需的知识技能，加尔文还亲自领导了一些教育实践活动。当然，新教提出的普及教育主张是以宗教教育为中心的，这体现了宗教改革时期人文主义教育目的的双重性，首先是为了促进宗教信仰，其次才是为了世俗利益。

(3)宗教改革后至19世纪中叶之前的人文主义教育

宗教改革后出现的唯实主义教育思想也是人文主义教育思想的继承和发展，这种思想注重提高人的地位，强调教育应按照人的自然发展顺序进行，教学过程应当运用新知识和新方法，表现出了一种求实的人文主义精神。

①夸美纽斯肯定人的智慧和力量，认为人是造物中最崇高、最完善、最美好的。他重视人的现世生活和教育，强调应当依据人的自然本性和儿童的年龄特征进行教育。他还从“泛智”的思想出发，提出了普及教育的思想，并论证了系统的学校教育体系和教学原则。

②洛克高度评价教育在人的形成中的巨大作用，强调教育应培养身体健康、举止优雅、有德行、智慧和才干的事业家，洛克的教育思想更具有世俗性和功利性的特点，不过他所论述的重点主要是贵族子弟的教育。

③卢梭主张教育应遵循人的自然本性，使人得到自由的发展；人为的教育和事物的教育要以自然的教育为基准；自然教育的目的是培养自然人；自然教育的基本原则是尊重儿童的特点，给儿童以充分的自由；自然的教育要根据儿童的身心发展特点施教。

④裴斯泰洛齐主张，自然的教育可以通过家庭和学校进行；自然的教育应依据自然的法则，考虑儿童的年龄特征和心理特点；要求在教学中启发儿童的兴趣与自觉性，发展儿童在道德、智慧和身体各方面的潜在能力；要从最简单的要素开始进行教育。

(4)19世纪中叶以后至20世纪70年代的人文主义教育

18世纪60年代，在科学功利主义的推动下，资本主义世界开始第一次产业革命，科技应用于生产取得了巨大的成就，人们对科学的欲望开始不断膨胀，科学主义思潮迅速发展。然而，西方各国的教育却远不能跟上时代的步伐。在19世纪中叶之前，人文主义教育思潮仍占着主导地位，教育内容空疏无用，严重脱离社会需要，为改变这种面貌，欧美诸国开展了一场科学教育运动。

到了19世纪后半叶，对科学的崇尚已发展成为对科学极端迷信的泛科学主义，成为一股强大的社会思潮。在19世纪末20世纪初这个关键时段内，脱胎于早期人文主义的科学主义思潮终于在大学取得“霸权”地位。其在教育上表现为偏重专业科学知识的传授，缺乏德性修养和人文精神的培育。人文主义教育开始逐渐不为人们所重视，科学主义的泛滥导致了教育过程的机械化和非人性化，不仅科学教育如此，还要把这种所谓“标准化”“规范化”的模式强加到人文教育中去，结果致使人文学科、人文教育也过度“科学化”，从而迷失了本性。

(5)20 世纪 70 年代至今的人文主义教育

“科学主义”的发展和严重后果，激起了反抗，特别是现代人本主义思潮对科学主义的抨击尤为猛烈，存在主义就是其中的突出代表。其认为科学主义是反人道的，是摧残人的发展的，其主张个人绝对自由发展，重视“人”的因素，特别是人的意志、情感、兴趣、需要、价值等等，而轻视“科学”因素，认为知识是次要的，极端者甚至反对任何知识的教学。但这种以为不进行科学教育就可以避免科学引发的危机的想法如同掩耳盗铃，根本无济于问题的解决。现代人本主义教育思潮虽然此起彼伏，声势浩大，有的引起了激烈的社会反应，但纯粹的人本主义教育却始终没有得到完全的实践。因为反智主义的、非理性主义的认知方式背离了早期人文主义教育对科学理性的包容，违背了人文主义教育的根本精神。

真正现代意义上的人文主义教育应该是人文精神和科学精神的完整统一，是走向科学的人道主义的教育。现代新人文主义教育又赋予了传统人文主义教育以新的内涵，新人文主义教育提倡的伦理价值包括：理解与和平、人的尊严、自由与责任、敬重自然等。其基本主张概括起来就是视人格完善为教育的终极目的、重视科学人道主义教育和加强新道德教育三方面的内容。具体而言就是：加强文学、艺术、伦理、社会、历史、地理等人文学科的教学；把价值教育放在整个教育的首要地位；将人性教育贯穿于教育的全部过程中，使整个教育人性化；加强自由与责任的教育，将自由与责任视为现代伦理生活的核心价值。

总之，符合现代精神的新的人文主义教育正不断指导着教育实践的开展，推动着教育的发展和社会的进步。

第9章　夸美纽斯的教育实践与教育思想

9.1　复习笔记

【知识框架(庖丁解牛)】

- 夸美纽斯的教育实践与教育思想
  - 夸美纽斯的教育实践与著作及其世界观
    - 教育实践与著作
    - 世界观
  - 论教育的目的、作用和普及教育
  - 论教育和教学的基本原则
  - 论道德教育与健康教育
  - 论教育与教学管理

【考点归纳(游刃有余)】

夸美纽斯(1592～1670)是17世纪捷克的伟大爱国者、教育改革家和教育理论家。

考点一、夸美纽斯的教育实践与著作及其世界观

1. 教育实践与著作

表9－1　教育实践与著作

时间	教育实践	著作
1628年～1642年	担任捷克兄弟会文科学校校长	《母育学校》《语言入门》《大教学论》
1642年～1646年	应瑞典政府之邀编写教科书	《人类事务改进通论》
1650年～1654年	应邀到匈牙利担任长年教育顾问，创建“泛智学校”	《世界图解》《泛智学校》《论天赋才能的培养》

2. 世界观

表9－2　世界观

要点	具体内容
时代背景	①欧洲封建主义和资本主义交替，三十年战争，文艺复兴、宗教改革和崇尚科学的唯实主义思潮产生。 ②宗教神学的世界观和经院主义习气依然存在
主要观念	①各民族和大小国家一律平等，同情穷人，充满人道主义因素。 ②肯定人、重视人、关心人，接受感觉论。 ③基督教世界观根深蒂固，以《圣经》为认识的源泉

考点二、论教育的目的、作用和普及教育

表 9－3　论教育的目的、作用和普及教育

要点	具体内容
教育的目的	①为来世做准备。 ②认识和研究一切事物，培养和发展各种能力
教育的作用	①改造社会、建设国家。 ②使人得到发展
泛智主义和普及教育	①“泛智主义”即“将一切事物教给一切人”。 ②把教育普及于一切男女儿童
评价	①教育目的论的宗教色彩浓厚，却具有文艺复兴带来的人文精神。 ②强调教育对国家建设的作用是对的，认为教育可以使“人类得救”却夸大了它的作用。 ③泛智主义思想具有进步性，但认为男女青年以及地位高低不同的人受教育程度和目的也不同的观点没能跳出历史的局限

考点三、论教育和教学的基本原则

表 9－4　论教育和教学的基本原则

要点	具体内容	
教育原则	教育适应自然原则	①是根本的指导性原则。 ②模仿并遵循自然的规则和秩序。 ③依据人的自然本性和儿童的年龄特征进行教育
主要教学原则	直观性原则	观察实际事物、使用直观教具
	激发学生求知欲望原则	①父母和教师用各种方式激发孩童的学习意愿。 ②科目设置符合年龄特征。 ③教学方法能激发学习兴趣
	巩固性原则	理解记忆并经常练习、复习
	量力性原则	教学应考虑学生的接受能力
	系统性和循序渐进性原则	①教材的组织具有逻辑性和系统性。 ②教学过程循序渐进

考点四、论道德教育与健康教育

表 9－5　论道德教育与健康教育

要点	具体内容	
道德教育	关于德育的主张	①德育比智育更重要。 ②将德育从宗教教育中分离出来并且位于宗教教育之前。 ③以功利主义和人文主义为德育的理论基础
	德育的内容	谨慎、节制、刚毅、正义

续表

要点	具体内容	
道德教育	德育的方法	①尽早开始正面教育。 ②从行动中养成道德行为的习惯。 ③榜样。 ④教诲与规则。 ⑤择友
生命与健康教育	①提高生命的质量。 ②注意身体的保养和锻炼	

考点五、论教育与教学管理

表 9－6　论教育与教学管理

要点	具体内容
国家对教育的管理	①重视教育，普遍设立学校，不能让教会或其他力量办学。 ②设置督学，负责培训教育管理者、管理学校人员、检查学校工作等
国家学校体系的构建	①建立全国统一的学制，既分段又连贯。 ②规定各个学段的教学内容。 ③重视早期教育，涉及学前儿童甚至胎教
学校的教学管理制度	①制定教学活动的学年、学日制度。 ②总结宗教学校的班级授课经验，全面系统阐述地纳入制度范畴
校长的职责	①了解教师情况。 ②监督学校制度的执行。 ③照管学校档案资料
历史贡献	①这是一套比较完整的、系统的有独创性的教育管理与教学管理思想。 ②全国统一的既分段又连贯学校制度成为后世各国公立学校制度的基础。 ③对班级授课制度全面系统的论述以及实践，推动了普及教育的发展，使对学生能力的培养和学校教学管理的制度化与标准化提供了可能。 ④他的教育理论著作论证系统，开创了教育理论研究和教育学科发展的新阶段

9.2　典型题(含考研真题)详解

一、单项选择题

1. 下列表述中，具体反映夸美纽斯教育理论主张或教育实践贡献的是(　　)。[统考2020年研]

A. 国家应赋予教会管理教育的责任和权力

B. 面向一切青年男女实施无目的或程度差别的教育

C. 系统论述了班级授课制，为提高教学效率提供了理论基础

D. 抛弃印证《圣经》的传统做法，运用类比自然的方法论述自己的教育观点

【答案】C

【解析】A 项，夸美纽斯认为管理教育的权力应该属于国家而非教会。B 项，夸美纽斯虽然主张一切男女都应该进学校，但认为男女所学习的内容并不相同。C 项，夸美纽斯总结各教派学校中实行班级授课的初步经验，提出并全面系统地论述班级授课制度，为实现普及教育、提高教学效率奠定了基础。D 项，夸美纽斯的思想中存在着宗教因素，并未抛弃《圣经》。

2. 在夸美纽斯看来，学校不幸变成儿童的“才智屠宰场”，其根本原因在于教学工作违背了（　　）。[统考 2019 年研]

A. 直观性原则　　B. 系统性原则

C. 适应自然原则　　D. 激发学生求知欲原则

【答案】C

【解析】教育适应自然原则是贯穿夸美纽斯教育体系的一条根本性的指导原则，是其理论核心。他之所以提出这个原则，是因为他认为“在此以前没有过完善的学校”，而在那些学校里之所以存在种种弊病，归根结底是因为学校的教育不符合事物的自然规则和秩序，“以致学校被孩子们看作恐怖的场所和才智的屠场”。夸美纽斯认为教育只有遵循儿童身心发展的规律才能够真正发展人的天赋。

3. 夸美纽斯 1632 年发表的《大教学论》，是教育学形成过程中一个重要的里程碑，但有人认为此书尚不足以标志教育学作为一门学科的诞生，原因是此书（　　）。[统考 2018 年研]

A. 宣扬教育为现实生活做准备

B. 只谈教育实物，不谈教育理论

C. 并非教育理论著作，而是教学理论著作

D. 研究方法是自然思辨

【答案】D

【解析】《大教学论》是夸美纽斯的代表作，被认为是独立形态教育学的标志，书中系统阐述适应新兴资产阶级要求的教育观点，包括教育的目的、作用、制度、内容和途径。提出教学必须“遵循自然”，并论证教学的“简易性”“彻底性”“简明性和迅速性”等原则，为近代最早的有系统的教育学著作。夸美纽斯在《大教学论》中并没有明确提出把教育学建立为一门科学，而是采用自然思辨的研究方法论述教育学，因此答案选 D。

4. 夸美纽斯提出直观理性教育，其依据是（　　）。[统考 2017 年研]

A. 泛智论　　B. 感觉论　　C. 天赋论　　D. 善性论

【答案】B

【解析】直观理性教育，即遵守直观性原则，是指在教学过程中，通过实物、模型、语言的形象描写，使学生对要学习的事物形成清晰的表象，丰富学生的感性经验，为学生形成新概念，掌握规律奠定基础。这依据的是感觉论。

二、名词解释

《大教学论》[北京航空航天大学2006研；华中师范大学2004研；北京师范大学2003研；华中科技大学2003研]

答：《大教学论》是17世纪捷克伟大的爱国者、教育改革家和教育理论家夸美纽斯在继承文艺复兴以来人文主义教育思想成果、总结自己教育实践经验的基础上，对教育理论和实际问题做出系统论述的一部巨著。是独立形态的教育学的开端，于1632年写成。在这部书中他对教育的目的和作用、教育教学内容、方法、原则、教学组织形式、学年计划、学校制度、教师和教科书等方面都有系统论述，共33章。《大教学论》在教育目的论述上同时渗透着宗教和现实目的，但现实性在其中具有更重要的地位；在教育作用上把教育看作改造社会建设国家的手段，同时也高度评价教育对人的发展的作用；书中还提到了"教育适应自然"这一根本性的指导原则；此外还对普及教育、学前教育、教学原则、分科教学、道德教育、教育教学管理都有精辟论述。夸美纽斯所著的《大教学论》是西方第一本独立形态的教育学著作。它把反映教育这一复杂社会现象的某些属性和关系的概念范畴组织成一个比较完整的理论体系，从而使以往对教育现象的描述进一步转向理论的论证，使教育学的理论化水平有了一定程度的提高。

三、简答题

简述夸美纽斯关于道德教育的主要观点，并予以评价。

答：(1)夸美纽斯关于道德教育的主要观点体现在以下几个方面：

①在对德育的定位以及看法上，夸美纽斯将德育从宗教教育中分离出来并列于宗教教育之前，这是和西欧早期中世纪教会学校截然不同的做法。他认为德育比智育更重要，并且将功利主义与人文主义作为德育的理论基础。

②在德育的内容上，夸美纽斯把谨慎、节制、刚毅和正义这四种"基本德行"作为道德教育的基本内容。

③在德育的方法上，夸美纽斯认为应该尽早地开始正面教育，从行动中养成道德行为的习惯，强调榜样的重要并且必须有格言和行为规则，注意儿童的择友，防止与坏人交往等。

(2)对夸美纽斯道德教育的评价：

①夸美纽斯的贡献是突破中世纪教会学校的桎梏，把世俗的道德培养从宗教教育中分离出来。

②夸美纽斯将功利主义与人文主义作为其理论基础，脱离了基督教教义这一理论基础。

四、论述题

试述夸美纽斯提出教育适应自然原则的历史背景、内涵及其重要意义。

答：(1)教育适应自然原则提出的历史背景

夸美纽斯生活在欧洲社会转型的动荡年代，新旧思想和欧洲三十年战争的严酷现实都对他有强烈影响。

①在这个时期，文艺复兴、宗教改革和崇尚科学的唯实主义思潮等新思想不断产生，

自然科学知识迅速传播。

②与此同时，人们的头脑依然被宗教神学世界观和经院主义习气束缚。

在这样的时代背景下，夸美纽斯针对当时没有完善的学校以及学校教育中存在的种种弊病，提出教育适应自然的原则，并且将其作为整个教育理论体系的一条根本的指导原则。

(2) 教育适应自然原则的内涵

夸美纽斯教育适应自然原则的内涵包括两个方面：

①教育要适应大自然的规律。夸美纽斯认为，在自然界存在着一种保证万物和谐发展的“秩序”，即普遍规律，人的各种活动包括教育活动都应该遵循这些自然的、普遍的“秩序”或规律。

②教育要适应儿童的自然本性和年龄特征。夸美纽斯认为，人属于自然界的一部分，人的发展也有其自身的法则。

(3) 教育适应自然原则的意义

①夸美纽斯不仅力图将以往零散的教育经验加以理论化，引导人们注意遵循教育规律，而且使教育理论在从神学束缚中解放出来的道路上跨出了一大步，给人们教育思想上的解放以重大的启示，使教育理论的发展取得了突破性的进展。

②但是由于时代的限制，他未能真正找到自然、社会和人的发展的普遍法则，因而在他的教育理论中也就不免出现许多片面、机械甚至牵强附会的东西。

第10章　17～18世纪欧洲主要国家和北美的教育

10.1　复习笔记

【知识框架(庖丁解牛)】

- 17～18世纪欧洲主要国家和北美的教育
  - 17～18世纪的英国教育
  - 17～18世纪的法国教育
  - 17～18世纪的德国教育
    - 教育概况
    - 康德论教育
  - 17～18世纪的俄国教育
    - 16～17世纪的文教复兴和兄弟会学校
    - 18世纪初的教育改革
    - 18世纪中后期的教育进展
  - 17～18世纪的美国教育
    - 殖民时代的教育概况
    - 18世纪建国前的教育变化
    - 建国初期的教育和教育理想

【考点归纳(游刃有余)】

考点一、17～18世纪的英国教育

表10－1　17～18世纪的英国教育

要点	具体内容		
教育概况	初等教育	①由英国国教会掌管，非国教会则创办慈善学校，如“免费学校”“贫儿学校”。 ②教学条件差，教育内容简单，重宗教，贫民儿童为主。 ③富人聘用家教教育子女	
	中等教育	性质	富家子弟的升学预备教育
		类型	①文法学校沿用旧称。 ②公学由公共团体创办，培养公职人员。贵族学校，师资及设施优于文法学校，著名的有九大公学
	高等教育	①始于中世纪后期的牛津及剑桥是其象征。 ②17世纪时，两校学院众多，规模扩展，经济宽裕，学术气氛浓厚	

续表

要点	具体内容	
培根的教育思想	主要著作	《论科学的价值和发展》《新工具》《论科学的增进》《学术的伟大复兴》《新大西岛》
	主张	①重视科学知识，提出"知识就是力量"。 ②创立归纳法，提倡广泛搜集材料并自我加工消化和创造。 ③起草教学大纲，动摇宗教神学的地位。 ④强调道德实践活动，教学方法以启发、示范和直观演示为重，学习者应有探索精神等
洛克的教育思想	主要著作	《教育漫话》《工作学校计划》《理解能力指导散论》《人类理解论》
	主张	①倡导实科教育和绅士教育。 ②主张家庭选聘优良的教师进行教育。 ③道德观念来自教育和生活环境，否认天赋观念和神启说。 ④注重培养学生良好的学习态度。 ⑤重视直观教学、循序渐进等方法

考点二、17～18 世纪的法国教育

表 10－2　17～18 世纪的法国教育

要点	具体内容	
教育概况	初等教育	①掌握在天主教手中。 ②以宗教教育为主。 ③采用班级授课制
	中等教育	①耶稣会办的学院居于统治地位。 ②新教中的胡格诺教派及冉森派也曾于 17 世纪前期设立过一些中等学校
	高等教育	①18 世纪，法国大学的数量居欧洲各国之首，巴黎大学虽然最古老，但因因循守旧，学生人数逐渐减少。 ②路桥学校、矿业学校等技术专门学校受重商政策的影响得到了快速的发展
启蒙时代的教育思想	爱尔维修	①人人都能通过感官获得知识。 ②将成长归因于教育与环境。 ③反对教会对学校的垄断，主张国家创办世俗教育
	狄德罗	①否认爱尔维修"教育万能"论。 ②剥夺教会的教育管理权，交由新的国家政府管理。 ③强调学习科学知识，反对花太多的时间学习古典语言
	拉夏洛泰	①教育的目的是培养良好的法国公民。 ②各阶段的学习都应注重本国语言和科学。 ③对教师提出严格要求，如严谨、有道德、懂教育等
大革命中的教育改革	改革方案	塔列兰教育法案，康多塞的国民教育组织计划纲要，雷佩尔提的教育方案
	资产阶级的主张	①建立国家教育制度，课程和年级互相衔接。 ②普及教育受到国家保护，人人都有受教育的权利和机会。 ③教育内容和教师都要实现世俗化和科学化

考点三、17～18 世纪的德国教育

这一时期的德国教育一般以普鲁士教育为主。

1. 教育概况

表 10－3 教育概况

要点	具体内容		
初等教育	肇始	各邦国在 16 世纪中期开始先后颁布国家办学和普及义务教育的相关法令，早于英国等国家	
初等教育	泛爱学校	时间	18 世纪后期
初等教育	泛爱学校	教育目的	培养博爱、节制、勤劳的美德
初等教育	泛爱学校	教育方法	注重实用性和兴趣，寓教于乐
中等教育	文科中学	普鲁士文科中学为典型，属于升学预备教育，培养中上层职业者	
中等教育	实科教育	用实科内容和直观方法施教，课程广泛，影响巨大	
中等教育	骑士学院	重视现代外语和自然科学，培养资产阶级人才	
高等教育	吸收哲学和科学的最新研究成果，排除宗教教条，以哈勒大学和哥廷根大学为代表		

2. 康德论教育

康德是 18 世纪重要的德国教育家、哲学家。康德的教育思想除集中于《论教育学》外，其他著作也有涉及。康德主要是依据自己的哲学理论对教育问题提出看法的。

表 10－4 康德论教育

要点	具体内容
人与教育	①高度推崇人性和人的尊严，充分肯定人的价值。 ②教育的目的是去恶扬善，发展人的自然天赋。 ③肯定学生的主体性，要给学生自我活动的自由
“道德人”的培育	①道德是人与动物的根本区别。 ②德育应当在顺应自然的同时让儿童自觉地接受理性的引导
广义的体育	①将全部教育分为体育、管束、训育和道德陶冶，前三者称为广义的体育。 ②训育包括对儿童体力、感官和“心理功能的培养”，需要在实际活动中综合培养
家庭教育与公共教育	①家庭教育的重点是对婴儿的养育。 ②公共教育可以教授儿童课程和为人处世的准则，有助于能力发展；公民的养成也需要公共教育

考点四、17～18 世纪的俄国教育

17 至 18 世纪，是俄国教育向近代化迈进的起步时期和重要转折点。

1. 16～17 世纪的文教复兴和兄弟会学校

(1) 文教复兴

①俄国的教育起步晚并且发展缓慢，历经 12 世纪的内战和 13 世纪外族入侵之后，直到 16 世纪才出现文教复兴。

②莫斯科公国统一了大部分俄罗斯地区后，注意发展文化教育，要求所有教区及神职

人员开办学校，既重宗教教育，也教授读、写、算知识。贵族家庭的子女还学习有关外交、军事、商业及其他社会活动方面的有益知识。与此同时，印刷术的发展促进了教材水平的发展。

(2)兄弟会学校

表 10－5　兄弟会学校

要点	具体内容
创办原因	由乌克兰人和白俄罗斯人在 16 世纪末为反抗波兰贵族和天主教压迫组成
教育对象	面向所有兄弟会会员子弟并接受会员监督
教学内容	提供广泛的知识，把本族语言教学放在首要地位

2. 18 世纪初的教育改革

沙皇彼得一世 17 世纪末匿名考察欧洲各国，回国后立即进行了多方面的社会改革，拉开了俄国近代化的序幕。其主要措施如下：

(1)创建实科性质的学校，特别是有关军事技术的专门学校。

(2)开办俄语学校、计算学校等初等教育学校，规定除农奴子女外的儿童必须入学。

(3)提出了建立科学院的设想，并附设大学和预备中学。

3. 18 世纪中后期的教育进展

(1)18 世纪中期莫斯科大学的创建

1754 年，罗蒙诺索夫主持起草《莫斯科大学及附属中学章程草案》，创建莫斯科大学。

表 10－6　莫斯科大学概况

要点	具体内容
教务管理	归中央政府直辖，教授会管理
院系设置	设置法律、哲学、医学三个系，没有神学
教学内容	注重俄语和科学知识
教育目的	培养独立工作的能力，培养学者
历史影响	作为俄国最高学府和世界著名大学，不断为俄国近现代化培养人才

(2)18 世纪后期《俄罗斯帝国国民学校章程》的颁布

表 10－7　《俄罗斯帝国国民学校章程》

要点	具体内容
社会背景	叶卡捷琳娜二世上台，政治稳定，工商业发展，国内进步思想和启蒙主义教育思想的传播，使统治者重视教育问题
教育领域的措施	①颁布《俄罗斯帝国国民学校章程》，体现国家对教育的重视。 ②各地政府领导国民学校，经费由地方承担。 ③设置初级国民学校和中级国民学校。 ④宗教、人、公民的义务是必修课程。 ⑤贵族寄宿制学校是本时期教育的主要方面

考点五、17～18 世纪的美国教育

1. 殖民时代的教育概况

表 10－8 殖民时代的教育概况

要点	具体内容	
北部殖民地	殖民者特征	英国清教徒
	教育目的	敬畏上帝、成为合格的牧师
	教育内容	高等学府课程涉及宗教神学、拉丁文、历史等
	教学方式	教师宣读，学生跟读
中部殖民地	殖民者特征	来自世界各地，教派林立
	教育对象	平民子弟
	教育形式	堂区学校
	教育内容	宗教教育和读、写、算并重
南部殖民地	殖民者特征	英国国教会
	教育形式	①殖民者子女初等或中等教育在家完成，之后进入欧洲的中学或大学深造。 ②劳动者子女接受慈善教育和学徒教育
总特征	移植欧洲教育模式，宗教是主要出发点和归宿	

2. 18 世纪建国前的教育变化

(1)文实中学的兴起

表 10－9 文实中学的兴起

要点	具体内容
社会背景	私人教学盛行，但没有既定的教学计划，并非真正意义上的学校
兴起时间	18 世纪初
教育内容	升大学的预备教育和就业所需知识
历史影响	美国中等教育的发展进入新阶段的标志

(2)高等教育的发展

18 世纪 40 年代至 60 年代，北美殖民地大学迅速增加的时期。课程设置虽加入了进步的科学知识，但古典主义和宗教教育仍占主导地位，学校十分简陋。

(3)“巡回教学”和学区制度的建立

①从 1725 年开始，马萨诸塞殖民地采用“巡回教学”的方式解决居民居住分散、儿童受教育不便的问题。巡回学校是学区学校的前身。

②1766 年，康涅狄格殖民地率先肯定了将市镇以外地区划分为若干学区的必要性。1789 年(建国后)，马萨诸塞州颁布法令规定四种规模的学区，并赋予学区与市镇同样的办学权，学区制度正式确立。

③学区制度的弊端在于形成教育上的地方主义，拉大了各地区教育水平的差异，妨碍教育进一步发展。

3. 建国初期的教育和教育理想

表10－10　建国初期的教育和教育思想

要点	具体内容	
建国初期的教育	初等教育	①教会办学热情增加。 ②慈善教育团体活动增多。 ③星期日学校由欧洲传入
	中等教育	文法学校是主要机构，后来逐渐被文实中学取代
	高等教育	①发展速度更快。 ②出现州立大学。 ③教学内容增加了新学科
建国初期的教育思想	杰斐逊《知识普及法案》	①是建国后倡导普及教育与公共教育的典型。 ②将普及教育与精英教育相结合

10.2　典型题(含考研真题)详解

一、单项选择题

1. 洛克的绅士教育理论认为，一位合格的绅士最重要的品质是(　　)。[统考2019年研]

A. 温文尔雅　　B. 学问通达　　C. 知识渊博　　D. 品德高尚

【答案】D

【解析】洛克主张把社会中上层家庭的子弟培养成为身体强健、举止优雅、有德行、智慧和实际才干的事业家。其中，洛克认为对于绅士来说，最重要的是具有高尚的德行，将德行放在比知识更重要的地位，把听从理性的指导、克制自己的欲望看成是一切道德与价值的重要标准及其基础。

2. 17至18世纪，英国初等学校的教育对象主要是(　　)。[统考2017年研]

A. 贫民子弟　　B. 贵族子弟

C. 新兴资产阶级子弟　　D. 中产阶级子弟

【答案】A

【解析】17至18世纪的英国，由宗教团体或个人捐赠而成的公共初等学校，是为了适应社会需求而进行的多方面的教育实践。它接收贫民儿童为教育对象，具有明显的慈善性。

3. 在17世纪英国教育家洛克所设计的教育体系中，处于前提和基础地位的教育活动是(　　)。[统考2015年研]

A. 身体的养育　　B. 知识的学习　　C. 德行的塑造　　D. 礼仪的培养

【答案】A

【解析】洛克认为，绅士需要学习的最需用和最常用的事物体现在身体、德行和学问三个方面。相应的，绅士教育的内容应该包括体育、德育和智育三个方面。洛克把健康教育看成绅士教育的基本要素，并把它放在全部教育的第一位。

4. 教育思想表现出鲜明的民主性，认为天才、才能和美德出自茅舍的要比出自宫廷的多得难以计算的法国教育者是(　　)。[统考2015年研]

A. 爱尔维修　　B. 狄德罗　　C. 拉夏洛泰　　D. 卢梭

【答案】B

【解析】狄德罗认为："茅舍和其他私人住宅的数目跟宫廷的数目的对比，就如同一万跟一的对比一样，而依照这一点，我们就有充分的理由相信天才、才能和美德，出自茅舍里的要比出自宫廷里的多得难以计算。"

二、名词解释

1. 星期日学校[北京师范大学2005研]

答：星期日学校是指英、美诸国在星期日为在工厂做工的青少年进行宗教教育和识字教育的免费学校，亦称"主日学校"。这种学校兴起于18世纪末，盛行于19世纪上半期，1780年由英国出版业者、慈善家雷克斯在英格兰的格老色斯特首创，以利用礼拜日对童工进行指导和教育。星期日学校最初仅教阅读《圣经》，以后又教初步的读、写、算知识。由于星期日学校利用休息日把儿童组织起来进行学习，也有利于社会秩序的稳定，受到社会广泛的重视。到19世纪中期，英国的星期日学校已有250万学生。

2. 公学[陕西师范大学2011研；南京大学2006、2005研；华东师范大学2003研]

答：公学是英国专为贵族、教士和资产阶级子女设立的私立、寄宿、以升学为宗旨的中等学校。学校自成系统，管理权为贵族和教会掌握，不依靠国家和地方政府拨款，学费昂贵。主要招收经过严格的选择性考试的预备学校毕业生，修业5年。以培养升入著名大学的高材生，造就未来的领袖人物和学术人才为主要目标，有大学预科性质。学校规模不大，多实行男女分校，课程注重人文学科，侧重古典语和外语。都设有古典语、现代语和数理三科，重视公民责任、严格纪律的训练，宗教教育也是其教育的重要组成部分。

三、论述题

1. 试述洛克教育思想的基础、内容和方法。[华南师范大学2016研；北京师范大学2003研]

答：英国著名的实科教育和绅士教育的倡导者洛克继承了培根和霍布士的唯物主义经验论，发展了亚里士多德的"白板说"，并以此作为他教育思想的指导和基础。

(1)洛克教育思想的基础

洛克的教育思想是以"白板说"为基础的，洛克认为人出生后心灵如同一块白板，没有任何标记和观念；人的一切知识和观念都是后天得来的，都建立在经验的基础上，根本没有什么天赋原则。他进而提出天赋智力人人平等，人类之所以千差万别便是由于教育之故。他指出人的发展是由教育决定的，而不是由先天的遗传决定的，认为教育不仅决定着个人的发展，而且关系到国家的幸福与繁荣。

洛克认为人的一切知识最后都是来源于经验的，这表明了他主张经验主义的认识论。

但他同时又提出观念有两个来源：一类来自感觉，另一类来自反省。并且指出五官的感觉只能了解物体的部分性质，而内心的"自我反省"则可以使人了解复杂的概念。这说明他的"白板说"又是一种不彻底的经验主义认识论。

(2)洛克的教育内容

在论述教育内容时，洛克首次把教育的三大组成部分，即体育、德育、智育做了明确的区分。

①论体育：洛克非常重视体育，他认为人只有拥有了健康的身体，才能幸福地生活和工作，克服开拓生活过程中遇到的各种艰苦环境。洛克还提出了许多具体的体育见解，例如饮食清淡、多运动、多呼吸新鲜空气、少吃药物等。

②论德育：洛克认为，德行的原则是要学会自我克制、服从理智，儿童可以通过在心理上忍耐痛苦、克制欲望来养成坚毅勇敢的个性。另外，洛克还重点阐述了"礼仪"的养成。

③论智育：洛克认为，学问应该使儿童感到愉快，而不是强加的负担。教师的作用是为儿童打开智慧之门，尊重儿童的兴趣和心理，让儿童喜爱知识、尊重知识，学会用正确的方法学习知识，把学习有用的知识作为一种习惯。

(3)洛克的教育方法

①洛克对学校持否定态度而提倡家庭教育，一方面表明他对当时英国学校中经院主义教育和重古典语文、轻实际知识的古典主义教育的不满，另一方面反映了自中世纪以来，英国贵族阶级重视家庭教育的传统的阶级偏见，洛克思想中的保守性在这里可见一斑。

②强调环境与教育的巨大作用，强调在体魄与德行方面进行刻苦锻炼。

③主张取消封建等级教育，人人都可以接受教育。

2. 试析 17～18 世纪欧美主要国家教育发展的不同特点和共同特征。

答：17～18 世纪英、法、德、俄、美等主要欧美国家的教育呈现出各自的特点，同时也有一些共同特征，以及未来发展趋势，具体分析如下：

(1)各国教育发展的不同特点

①英国教育发展的特点

17～18 世纪，英国教育发展的速度十分缓慢，主要阻力来自教育自由的积习；初等学校的教学条件很差，教学内容极为简单，重宗教、阅读而轻计算；教师不是专门职业，地位很低。学校的教育对象主要是贫民儿童，富人则聘用家庭教师对子女进行启蒙教育和中学预备教育。

②法国教育发展的特点

17～18 世纪的法国教育主要还是教会的天下；强大的法国专制政府对初等教育较为关心，到 17 世纪就颁布了八个有关法令；当时的初等学校以宗教教育为主，辅以读、写、算的教学；采用班级授课制，以法语讲课；面向下层社会的子女，免收学费。

③德国教育发展的特点

这一时期的德国教育一般以普鲁士教育为主。17～18 世纪德国中等学校的主要类型是文科中学；由于工商业的发展，城市生活日渐丰富，实科教育随之兴起；从 16 世纪中期起就先后颁布了有关国家办学和普及义务教育的法令；18 世纪后期出现了新式的"泛爱学校"。

④俄国教育发展的特点

17～18世纪是俄国教育向近代化迈进的起步时期和重要转折点。16～17世纪的文教复兴政策，注重开办学校，建立印刷所，印制历史书籍和教材；16世纪末的兄弟会学校面向所有兄弟会会员子弟并接受会员监督，组织上比较民主，教学上提供广泛的知识；18世纪初进行教育改革，创建实科性质的学校，改革初等义务教育，向教育近代化推进。

⑤美国教育发展的特点

17世纪北美殖民地的教育事业以移植欧洲教育模式为主，宗教是教育的主要出发点和归宿。但教育又是与殖民地的生活状况紧密联系在一起的，数量少、水平低，是学校的明显特点。18世纪前期出现了学区制度，学区制度适应当时的实际，后来各州相继确立了学区制度。但学区制也强化了教育的地方主义，引起各地教育水平差距加大。

(2)各国教育发展的共同特征

17～18世纪英、法、德、俄、美等主要欧美国家的教育呈现出的各自的特点体现各国教育发展的共同特征：

①各国的教育思想和教育制度都体现出国家对教育的关心，体现出教育的世俗化趋势。

②各国的教育与工业发展的关系都进一步密切。

③各国教育中的民主意识与实用观念都有所增强。

(3)相同的发展趋势

英、法、德、俄、美等主要欧美国家的教育呈现出如下发展趋势：

①制度化

各国通过相继颁布的各种法律、法令规范各级各类教育的开展和实施，从而形成较为固定的制度。教育制度化后，教育更加统一规范，有利于教育质量的提高和教育进一步发展。

②民主化

随着生产活动对教育的需求的不断增强，受教育人数也不断地增加，教育不再是少数人的特权，而是不断的普及，体现出教育的民主化。

③实用性

教育与实际生产和生活的关系越来越密切，知识的教授大都是为了适应实际的需要，而不再是为了知识而知识。因此，教育的实用性不断增强。

第 11 章　卢梭的教育思想

11.1　复习笔记

【知识框架(庖丁解牛)】

卢梭的教育思想：
- 生平、活动与主要著作
- 论人的天性
- 自然主义的教育理论
- 自然主义教育的实施
- 论理想国家的公民教育

【考点归纳(游刃有余)】

考点一、生平、活动与主要著作

表 11－1　生平、活动与主要著作

时期	主要活动
生平	1712～1778，法国十八世纪启蒙思想家、哲学家、教育家、文学家，民主政论家和浪漫主义文学流派的开创者，启蒙运动代表人物之一
活动	①因生计所迫往来于欧洲多地，从事过各种下层职业。 ②与伏尔泰、狄德罗编辑百科全书，掀起启蒙运动
著作	论文《论科学和艺术的复兴是否有助于敦风化俗》《论人类不平等的起源和基础》；政论《社会契约论》；爱情小说《新爱洛伊斯》；教育小说《爱弥儿》；自传《忏悔录》

考点二、论人的天性

表 11－2　论人的天性

要点	具体内容
性善论	①人性是善的，只是社会把人变坏了。必须彻底改变暴君专制统治，建立新的理性王国。 ②在人善良的天性中，存在着自爱心和怜悯心，强调“良心”在使人为善时的重要作用
感觉论	人的心灵中存在着认识世界的巨大能量，感觉是认识的来源

考点三、自然主义的教育理论

自然主义的教育理论是卢梭教育思想的主体。1762 年出版的《爱弥儿》集中论述了这一思想的具体内容。

表 11－3　自然主义的教育理论

要点	具体内容
基本含义	核心是“归于自然”，远离喧嚣社会的教育有利于保持人的天性
培养目标	培养“自然人”。“自然人”的特征： ①独立自主的人。 ②没有等级差别。 ③自由的人。 ④自食其力的人
方法原则	①采取“消极教育”的方式，成人不干预、不灌输、不压制。 ②因材施教，注重儿童天性的个体差异

考点四、自然主义教育的实施

卢梭认为教育要顺应儿童发展的年龄阶段。在《爱弥儿》一书中，他根据自己对儿童的观察和研究，设想了教育的四个阶段。此外，对女子教育也有一定论述。

表 11－4　自然主义教育的实施

<table>
<tr><th>要点</th><th colspan="2">具体内容</th></tr>
<tr><td>婴儿期教育（0～2 岁）</td><td colspan="2">以身体的养育和锻炼为主，一切措施都要合乎自然</td></tr>
<tr><td>儿童期教育（2～12 岁）</td><td colspan="2">首先锻炼感官并继续发展身体，学习勇敢的精神，掌握一些道德观念，但反对道德灌输</td></tr>
<tr><td rowspan="2">少年期教育（12～15 岁）</td><td>文化知识学习</td><td>培养兴趣和提高能力为首要，首先学习有用的而且能增进人的聪明才智的知识；在实际活动中自觉自动地学习</td></tr>
<tr><td>劳动教育</td><td>少年期的孩子应当学会劳动并且必须学一门职业。职业选取的原则有：有用，适合自己的禀赋和年龄，清洁卫生，不伤身体</td></tr>
<tr><td>青春期教育（15～20 岁）</td><td colspan="2">青少年在积累了较为丰富的感性经验和自然知识之后可以从乡村返回城市，接受道德教育和宗教教育</td></tr>
<tr><td>女子教育</td><td colspan="2">①首先培养健康的身体，学习唱歌、跳舞和绘画。
②看重女子的治家能力，使全家人亲密相处。
③不赞成女子学习更深的知识，总体倾向于保守</td></tr>
</table>

考点五、论理想国家的公民教育

表 11－5　论理想国家的公民教育

要点	具体内容
教育著作	《关于波兰政治的筹议》
教育目的	培养忠诚的爱国者
教育对象	反对按照贫富分设学校和课程，要求儿童接受同样的教育
教育方法	德育和智育相结合
教育主张	①国家掌管学校教育。 ②体育在教育中最重要。 ③高度尊重儿童的天性

11.2　典型题(含考研真题)详解

一、单项选择题

1. 为十八世纪后期德国泛爱主义教育运动兴起提供直接的思想启蒙和理论指导的是(　　)。[统考 2018 年研]

A. 卢梭自然主义教育理论　　B. 凯兴斯泰纳公民教育理论

C. 夸美纽斯自然主义教育理论　　D. 裴斯泰洛齐要素教育理论

【答案】A

【解析】泛爱主义教育是 18 世纪后期在德国兴起的一种教育思潮。因其主要代表人物 J. B. 巴泽多所创办的泛爱学校而得名。当时德国一些资产阶级知识分子在法国大革命的影响下，在文化领域展开了反对封建思想束缚的狂飙突进运动。泛爱主义教育的出现便是这一思潮在教育上的反映，代表人物是巴泽多。他深受卢梭自然教育思想的影响，并呼吁按照卢梭的教育原则创办新学校。1774 年，巴泽多按自己的教育理想创办了一所学校，被称为“泛爱学校”，其目的是培养对社会有用的人，培养对人类的广泛的爱，泛爱主义因而得名，因此答案选 A。

2. 卢梭自然主义教育理论中的“消极教育”意指(　　)。[统考 2016 年研]

A. 教育作用有限

B. 教育在于等待儿童的自然发展

C. 教育对于儿童发展难以积极作用

D. 教育需遵循儿童天性，防范外界不良影响

【答案】D

【解析】卢梭教育思想中所谓的“消极教育”即成人的不干预、不灌输、不压制和让儿童遵循自然率性发展。但消极教育并非无所作为，还有两件事要做：一是观察自由活动中的儿童，了解他的自然倾向和特点；二是防范来自外界的不良影响。它不在于教学生以道德和真理，而在于防止他的心沾染罪恶，防止他的思想产生谬见。

3. 在职业选择的问题上，法国教育家卢梭反对的是(　　)。[统考 2015 年研]

A. 选择适合儿童禀赋的职业　　B. 选择对社会有用的职业

C. 选择为法国政府服务的职业　　D. 选择有教育意义的职业

【答案】C

【解析】卢梭在《爱弥儿》中表示，自然教育的最终培养目标是“自然人”。卢梭提出选择职业的几条原则：有用，这是最基本的；适合自己的禀赋；适合自己的性别和年龄；清洁卫生，无害于身体；不要选择那种养成乖戾性情、磨灭人上进心的职业。

二、名词解释

自然教育[华中师范大学 2003 研]

答：自然教育是 18 世纪法国启蒙思想家、教育思想家卢梭的教育理论。认为儿童教育的来源有三：自然、周围的人和外界事物。儿童器官和才能的内在发展是自然的教育；教

育儿童如何利用这种发展是人为的教育；儿童接受事物的影响而获得事物的经验的教育是事物的教育。人为的教育和事物的教育要符合、顺应自然的教育。主张教育要符合儿童自然的内在发展顺序，即根据儿童的年龄特征、性别差异和个别特点来施教。这一理论在反对封建教育中起积极作用，并对以后教育理论和实践的发展有深远影响。

三、论述题

1. 试述卢梭《爱弥儿》一书的历史地位和理论价值。［华中师范大学 2003 研］

答：《爱弥儿》是法国启蒙思想家卢梭所著的一本教育哲理小说，是他教育上的代表作，书中通过论述主人公爱弥儿及其未婚妻苏菲的教育过程，强烈批判封建专制下的经院主义教育，宣扬追求个性解放的自然教育思想。

(1)《爱弥儿》的主要内容

①自然主义教育的含义和目标。《爱弥儿》一书集中论述了卢梭的自然主义教育理论。卢梭认为人生来具有自由、理性和良心的禀赋，顺乎天性发展就可成为善良的人，实现善良的社会。因此教育要遵循人的自然本性，使人得到自由的发展，要以培养自然人为目的，自然人相对于专制国家的公民来说是独立自主、平等自由、道德高尚、能力和智力极高的人。自然人既能尽到作为社会成员的职责，又能保持纯真的天性、自由发展，不受腐蚀侵袭。

②自然主义教育的方法和阶段。《爱弥儿》除了论述教育所要遵循的原则和教育目的之外，还论述了自然主义教育具体实施过程中的方法和阶段。自然主义教育实施时：首先要正确看待儿童，卢梭认为儿童有其特有的看法、想法和感情，不能用成人的思想去代替儿童的思想和感情；其次要给儿童以充分的自由，他主张对儿童实行“消极教育”，就是要求成人不干预、不灌输、不压制和让儿童遵循自然率性发展。

此外，卢梭还依据自己对儿童的观察和研究，设想了教育的四个阶段，即婴儿期、儿童期、青年期和青春期的教育，并在不同的教育阶段提出了不同的教育内容和任务。卢梭还论述了女子教育以及男女间的爱情教育，他把成为贤妻良母作为女子教育的目标。

(2)《爱弥儿》的历史地位和理论价值

《爱弥儿》反映了新兴资产阶级在教育上的改革要求，其中许多论述都是教育教学规律的体现，其问世后不仅对法国，而且对整个欧洲乃至后世的教育都产生了深刻影响。在西方教育思想史上，卢梭的《爱弥儿》同柏拉图的《理想国》，以及杜威的《民主主义与教育》被称为三个里程碑。其理论价值主要体现在以下几个方面：

①《爱弥儿》的基本内容是高度尊重儿童的善良天性，并以此为标准批判了当时流行的教育思想和教育措施的荒谬，倡导了自然教育和儿童本位的教育观。这一“归于自然”的教育主张带来了儿童观、教育观的翻天覆地的变化。

②《爱弥儿》中的自然主义教育思想是在封建制度发生危机、资产阶级革命的时代已经来临、但封建制度尚未倒台的政治前提下提出的革命性主张。卢梭所提出的“自然人”实际上就是摆脱封建羁绊的资产阶级新人，这个问题的论述中所包含的重视普通教育、反对等级教育，强调体脑并用、身心两健，培养独立判断能力和适应能力等教育思想至今仍然是教育思想中的宝贵理论财富。

③《爱弥儿》所反映的教育思想不仅在当时的法国而且在整个欧洲，引起强烈反响，对后世的教育也产生了深刻的影响。欧美各国的许多教育家都在研究、实践、修正和丰富着书中的教育思想，新的儿童观被广为传播，研究学生、研究儿童的号召也一直是 19 世纪乃至 20 世纪教育研究的重要课题。

④但是，作为一本 18 世纪的教育著作，《爱弥儿》也不可避免地存在着时代和阶级的局限性，《爱弥儿》中有一些落后保守、相互矛盾的和主观臆测的东西，也有某些以偏概全的推论。但是这本书中的教育思想却是富于革命性的，对封建教育腐朽性的揭露切中时弊，对新教育所提出的设想更具有划时代的伟大意义，给当时和后世以巨大而深刻的影响。

2. 试析卢梭教育思想的主要特点及其形成原因。

答：(1)卢梭教育思想的特点

①在人性善的基础上揭示教育。卢梭认为人天生具有自爱心与怜悯心，教育的作用只是顺其自然，发挥这份自爱心与怜悯心，同时注重良心的作用，用良心将自爱心与怜悯心结合在一起。

②提出独特的自然教育理念。卢梭所主张的自然教育有两层含义：一是“归于自然”，主张远离喧嚣城市社会的教育，回归于保持完整的大自然，才有利于保持人的善良天性，因此 15 岁之前的教育必须在远离城市的农村中进行；二是“消极教育”，主张教育应遵循自然天性，顺应儿童身心的发展秩序，也就是要求儿童在自身的教育和成长中取得主动地位，无须成人的灌输、压制、强迫，教师只需创造学习的环境、防范不良的影响。

③提出与公民教育对立的“自然人”的目标。“自然人”是能独立自主的人，所有的人都是平等的，他又是自由的人，是无所不宜、无所不能的，具有自己的一技之长。“自然人”还是自食其力的人，他靠自己的劳动所得为生。这区别于传统的公民教育培养目标，但是到后期，卢梭也开始提倡公民教育，着重于爱国主义的教育，强调其忠诚感，对“自然人”进行了一些补充。

④提出别具一格的分阶段教育。将自然人的成长划分为四个阶段，按照年龄划分，针对每一阶段提出培养的目标和方法，采用具体的内容，渗透自然主义教育的思想。从人的教育、事物的教育、自然的教育入手，使每一阶段的教育得到很好的发挥。此外还着重提倡女子教育。

(2)卢梭教育思想特点的形成原因

①封建专制思想的束缚。卢梭教育思想的形成主要是和他所处的时代环境有关。18 世纪的欧洲还处于封建制度的统治之下，大多数国家仍然因循守旧，利用封建专制制度进行残酷统治，用封建思想来束缚人们的思想，扼杀人性以阻止资产阶级思想的传播。

②宗教思想的压制。自由、民主的资产阶级思想被斥为异端，往往刚刚出现就被压制、消灭。此外，宗教思想也居于统治地位，不容其他学说的传播，实施宗教教育残酷的压制儿童的身心发展，不利于儿童的成长。

③资产阶级自由、民主思想的传播，对人们的思想起了启蒙的作用，对社会的主流思想起了挑战作用，也使社会风气为之一变。在这种情形下，卢梭对当时法国腐朽的政治、宗教特别是教育进行了猛烈抨击。他对摧残儿童身心的封建主义教育，疾之如仇，无情地揭露了其压抑儿童个性的种种弊端，要求加以根本改造。

第 12 章　裴斯泰洛齐的教育实践与教育思想

12.1　复习笔记

【知识框架(庖丁解牛)】

裴斯泰洛齐的教育实践与教育思想
- 生平与教育活动
  - 生平
  - 教育活动
- 论教育目的
- 论教育心理学化
- 论要素教育
- 论初等学校各科教学法
- 关于教育与生产劳动相结合

【考点归纳(游刃有余)】

考点一、生平与教育活动

1. 生平

裴斯泰洛齐(1746～1827)，是19世纪瑞士著名的民主主义教育家。前半生从事神学，后半生试图通过教育来改善农民的生活，曾创办孤儿院，从事贫苦儿童的教育。

2. 教育活动

表 12－1　教育活动

要点	具体内容
教育实践	①在苏黎世的比尔村建立示范农场，试图通过提高产量改善贫民的生活。 ②将农场变为“贫儿之家”。 ③在斯坦兹城组建孤儿院，后至小学任教。 ④带领部分学生至伊佛东城建立伊佛东学校，一时成为欧洲教育圣地
论著	《隐士的黄昏》《林哈德和葛笃德》《关于人类发展的自然进程》《天鹅之歌》《生活命运》

考点二、论教育目的

教育的首要功能应是促进人尤其是人的能力的发展。这一观点富有民主主义的积极意义，其内涵包括：教育能够激发人的潜能；教育可以促进人的德、智、体的全面发展；教育可以塑造具有独立人格的人。

考点三、论教育心理学化

在 1800 年发表的《方法》一文中，裴斯泰洛齐第一次明确提出“教育心理学化”的诉求。其具体内涵见下表。

表 12－2　论教育心理学化

要点	具体内容
以儿童本性发展的自然发展为基础	将教育的目的和教育的理论指导置于儿童本性发展的自然法则的基础上，探索和遵循儿童的心理活动和心理发展的规律性，以期取得应有的教育和教学效果
教学内容心理学化	使教学内容的选择和编制适合儿童的心理规律
教学原则和教学方法的心理学化	教学艺术要遵循人认识活动的规律并与之相协调
让儿童成为他自己的教育者	使儿童成为教育中的动因，懂得自我教育

考点四、论要素教育

要素教育论主张初等学校的各种教育都应该从最简单的要素开始，逐渐转到日益复杂的要素，循序渐进地促进人的和谐发展。

表 12－3　论要素教育

要点	具体内容	
德育	任务	遵循道德发展的基本原理培养和发展儿童的德行
	基本要素	儿童对母亲的爱
	实现途径	家庭教育与学校教育，重视道德说理和道德行为的练习
智育	目的	使学生既获得知识又发展智力
	实现途径	①使教学过程心理学化。 ②改进初等学校的教学科目和教学内容。 ③教师在教学中应引导学生进行各种思维练习
体育	基本的四肢操练与基本的感觉训练相协调，使体力和智力都得到发展	

考点五、论初等学校各科教学法

表 12－4　论初等学校各科教学法

要点	具体内容
语言教学	顺序为发音教学、单词教学和语言教学
算数教学	应特别仔细，讲究技巧。顺序为加法、乘法、除法、减法
测量教学	①目的是发展儿童对事物形状的认识能力。 ②与图画教学、写字教学相联系。 ③教学时不仅要观察，还要动手测量和绘图

考点六、关于教育与生产劳动相结合

裴斯泰洛齐是西方教育史上第一位将教育与生产劳动相结合思想付诸实践的教育家，并在自己的实践活动中，推动和发展了这一思想。

表 12－5 关于教育与生产劳动相结合

要点	具体内容
新庄“贫儿之家”实验	单纯的、机械的外部结合，教学与劳动之间并无内在意义的联系
斯坦兹孤儿院的实验	①教育革新在于将学习与手工劳动相联系，将学校与手工工场相联系。 ②学习与手工劳动结合之前，两方面都要打好基础。 ③深信教育与生产实践相结合对培养和谐发展的人具有重大意义

12.2 典型题(含考研真题)详解

一、单项选择题

西方教育史上，最早将教育与生产劳动相结合的思想付诸实践的教育家是(　　)。[统考 2019 年研]

A. 柏拉图　　B. 夸美纽斯　　C. 卢梭　　D. 裴斯泰洛齐

【答案】D

【解析】裴斯泰洛齐虽不是第一个提出教育与生产劳动相结合思想的人，但他是西方教育史上第一位将这一思想付诸实践的教育家。裴斯泰洛齐在新庄孤儿院、斯坦茨孤儿院办学期间夸美纽斯均重视生产劳动的内容，将教育与生产劳动结合的思想付诸实践。

二、名词解释

《林哈德与葛笃德》[华中师范大学 2004 研]

答：《林哈德与葛笃德》是瑞士教育家裴斯泰洛齐所著的教育小说，通过农民林哈德与葛笃德夫妇及其子女的生活故事，阐明作者以教育改良社会的社会观和教育观。全书共 4 部，1781 至 1787 年陆续出版，中文本由傅任敢翻译，名为《贤伉俪》。小说强调必须要有适应现代社会的新教育，以发展人的本性，成为一个有所作为的人；而新教育的根本原则在于发展人的内在力量，使人与大自然相结合，使人具有向善的心性和较好的才能，成为一个于社会有价值的善良公民。还说明了生产、劳动过程和教学过程相结合的教育观点，这部著作问世后，引起了较大的反响，裴斯泰格齐的教育思想因此受到人们的重视。

三、简答题

1. 简述裴斯泰洛齐的要素教育论。[统考 2018 年研]

答：要素教育论的基本思想，就是认为初等学校的各种教育都应该从最简单的要素开始，然后逐渐转到日益复杂的要素，以便循序渐进地促进人的和谐发展。在裴斯泰洛齐看来，这也是初等教育最重要的一个问题。裴斯泰洛齐认为，要素教育既要求初等学校为每个人在德、智、体几方面都能受到基本的教育而得到和谐的发展，又要求在德育、智育、体育的每一个方面都通过“要素方法”获得均衡的发展。因此，他详细而具体地探讨和论述了德育、智育和体育以及其中的“要素方法”。

(1)要素教育的基本观点

从基本思想出发，他主张一切教育过程都应从最简单的要素开始，例如：

①智育：a. 计算教学：数字 1；b. 测量教学：直线开始；c. 言语教学：音－词。

②体育：关节。

③道德教育：母爱。

要素教育从它的本质讲是要求普遍地简化的方法，使每一个母亲不需要其他帮助也能够教育自己的孩子。这样，随着教学方法的简化，受教育的人数将会日益增多。可见，裴斯泰洛齐的要素教育论客观上反映了资本主义生产发展要求扩大教育对象的普遍趋势，力图摆脱陈腐的、烦琐的经院主义教育方法，使“教育过程心理化”。但是，他“在研究教学法的许多场合，却采取了缺乏现实意义的形式主义的练习，这些练习妨碍了儿童真实地去认识所学到的现象”。

(2)要素教育论的教学方法

①语言教学

裴斯泰洛齐认为语言教学应从语言的最简单的要素——语音开始，然后是识单字或词，最后是阅读。学习发音时，他要求教师要特别注意儿童听觉的正确。教师先发一个音，儿童跟着发一个音，反复练习，直到学会为止。

②辨形教学(包括测量、绘画、习字和初等几何等)

裴斯泰洛齐认为教儿童学习形状时，应先学直线，然后再学角、三角形、正方状，最后学习曲线和几何图形(图形、椭圆形等)；同时，要把各种图形指给儿童看，并说出它们的名称。当儿童掌握了这些图形的名称和特征后，便学习绘画和测量，进而学习写字。裴斯泰洛齐主张把写字教学跟测量、绘画和发展语言结合起来。

③计算教学

裴斯泰洛齐反对只背口诀而无明确概念的旧式算术教学法，要求遵循一切教学的基本原则——从感觉的直观上升到明确的思维。他建议用个位“1”作为计算的基本要素，并通过实物观察，如一根棍子、一支笔、一粒豆子等教儿童认识“1”的概念，然后用卡片教学基本的运算方法。教学的顺序是先加法、乘法、除法，然后才是减法。

(3)要素教育论的影响

裴斯泰洛齐的要素教育思想，是他长期教育实践中不断探索研究的结果。在此基础上创立的初等教育的各科教学法，为初等教育的发展与普及做出了很大贡献。

2. 简述裴斯泰洛齐“教育心理学化”口号的主要含义及其影响。

答：裴斯泰洛齐第一个提出“教育心理学化”，并在教育实践中探索以心理学为基础来发展人的能力的方法。裴斯泰洛齐的“教育心理学化”是从卢梭的自然教育思想中引申出来的。进一步使卢梭提出的教育适应人的本性的思想有了坚实的基础，开拓了西方“教育心理学化”运动。

(1)“教育心理学化”的主要含义

①教育适应儿童的心理发展

裴斯泰洛齐主张将教育的目的和教育的理论指导置于儿童本性发展的自然法则的基础上，认为只有认真探索和遵循儿童的心理活动和心理发展的规律性，才能取得应有的教育和教学效果。

②教学内容心理学化

使教学内容的选择和编制适合儿童的学习心理规律。裴斯泰洛齐还力图从客观现象和人的心理过程探索教育和教学内容中普遍存在的基本要素，并以这些要素为核心来组织各科课程和教学内容，提出了“要素教育”理论。

③教学原则和教学方法的心理学化

教学要遵循自然的规律，要与自然活动的规律相协调，首要的是要使教学程序与学生的认识过程相协调。

(2)“教育心理学化”的影响

裴斯泰洛齐对人的心理的理解存在着严重的唯心论缺陷，但他关于“教育心理学化”的思想，不仅成为他自己关于人的和谐发展论、要素教育论、简化的教学方法和初等学校各科教学法的重要理论基础，而且对19世纪欧洲“教育心理学化”逐渐发展为一种思潮产生了重大影响。

3. 裴斯泰洛齐教育革新实验的基本指导思想及其意义是什么?

答: (1)教育革新实验的指导思想

裴斯泰洛齐教育革新实验的基本指导思想是教育与生产劳动相结合。

①早期，裴斯泰洛齐主要重视生产劳动的经济价值，教育与生产劳动相结合只是一种单纯的、机械的外部结合，教学与劳动之间并无内在意义的联系。

②后期，裴斯泰洛齐关注生产劳动的教育价值，将两者在人的内部结合起来。他深信教育与生产劳动相结合对培养人有重大教育意义，并认为这是基于“教育心理学化”的教育途径。因此他不仅把学习与劳动相结合视为帮助贫苦人民掌握劳动技能，从而改变贫困状况的手段，而且将其和体育、智育、德育联系起来，肯定其对人的和谐发展具有重要的教育价值。

(2)教育革新实验的意义

①裴斯泰洛齐在教育革新实验的基础上总结和提出了要素教育理论和教育教学心理学化理论。裴斯泰洛齐的要素教育理论不可避免地带有时代的局限性，不可能全部符合科学。但他从改革脱离实际、呆读死记的旧教学的强烈愿望出发，在长期研究、实验的基础上提出一系列教育教学新方法，对促进教育教学心理学化和教学理论的发展做出了巨大贡献。

②裴斯泰洛齐在实验中创建的小学各科教学法，是初等教育教学方法的革新，它改变了一直盛行于小学中的那种以教本为中心，教师强迫注入，学生呆读硬背，单纯文字重复的教学方式。他重视直观，强调儿童在实际观察事物获得感性知识的基础上，通过自己思考、推理和判断，得到清晰的观念。

第 13 章　赫尔巴特的教育思想

13.1　复习笔记

【知识框架(庖丁解牛)】

- 赫尔巴特的教育思想
  - 赫尔巴特的生平与教育思想
    - 生平
    - 教育思想
  - 赫尔巴特的道德教育理论
  - 赫尔巴特的课程理论
  - 赫尔巴特的教学理论
  - 赫尔巴特教育思想的传播

【考点归纳(游刃有余)】

考点一、赫尔巴特的生平与教育思想

1. 生平

赫尔巴特(1776～1841)是近代德国著名的哲学家、心理学家和教育家，科学教育学的奠基人。主要著作有《普通教育学》《教育学讲授纲要》等。他首次提出把教育学建成为一门独立学科的设想，并提出了一个较为完整的教育思想体系。

2. 教育思想

表 13－1　教育思想

要点	具体内容	
形成与发展	日内瓦－不来梅时期	担任瑞士贵族家庭教师，观摩并接受裴斯泰洛齐的教育思想
	哥廷根时期	担任哥廷根大学教授，写成《裴斯泰洛齐直观初步》《裴斯泰洛齐教学方法之批评》《世界审美启示》《普通教育学》等著作，建立较完整的理论体系，提出“科学教育学”基本学说
	柯尼斯堡时期	侧重从心理学角度探讨教育问题，写成《心理学论文集》《心理学教科书》《科学心理学》等著作，形成系统的心理学理论体系
理论基础	伦理学基础	指出五种道德观念，即内心自由、完善、仁慈、正义、公平
	心理学基础	①赞同洛克的“白板说”。 ②提出“统觉”、兴趣和注意等心理学问题

考点二、赫尔巴特的道德教育理论

表 13－2　赫尔巴特的道德教育理论

要点	具体内容		
教育的目的	可能的目的	与儿童未来所从事的职业有关	
	必要的目的	所要达到的最高和最为基本的目的，即养成内心自由、完善、仁慈、正义和公平等五种道德观念	
教育性教学原则	教学是道德教育的基本途径，教学工作的最高目的在于养成德行		
道德教育	训育	内涵	有目的地进行培养，以形成“性格的道德力量”
		基本措施	①维持的训育。 ②起决定作用的训育。 ③调节的训育。 ④抑制的训育。 ⑤道德的训育。 ⑥提醒的训育
	儿童管理	任务	为随后的教学创造必要条件
		方法	惩罚性威胁、监督、惩罚、安排紧凑而内容丰富的活动

考点三、赫尔巴特的课程理论

表 13－3　赫尔巴特的课程理论

要点	具体内容
经验、兴趣与课程	①课程内容的选择必须与儿童的经验和兴趣一致。 ②与儿童经验相联系的课程才能引起他们的兴趣
统觉与课程	①统觉原理是指新观念和知识以原有的为基础。 ②赫尔巴特根据统觉原理设置了“相关”和“集中”两项课程设计原则，以保持教学的逻辑结构和知识的系统性
儿童发展与课程	①文化纪元理论将人类的认识水平划分为感觉、想象和理性。 ②文化纪元理论运用在教育学中是指儿童的个性和认识发展。 ③赫尔巴特根据文化纪元理论探讨了儿童年龄分期，提出课程的程序

考点四、赫尔巴特的教学理论

表 13－4　赫尔巴特的教学理论

要点	具体内容
“教学进程”理论	①赫尔巴特将统觉理论分为感官的刺激、新旧观念的分析与联合、统觉团形成三个阶段。 ②与之相应提出了单纯提示的教学、分析教学与综合教学三个步骤的教学进程
教学形式阶段理论	①兴趣活动可以划分为注意、期待、要求和行动四个阶段。 ②与之相应，教学活动被分为明了(或清晰)、联合(或联想)、系统和方法四个阶段

考点五、赫尔巴特教育思想的传播

从 19 世纪后期开始，赫尔巴特的教育理论得到了广泛的传播，对 19 世纪末至 20 世纪初许多国家教育的发展产生了广泛的影响。

19 世纪末 20 世纪初，正当赫尔巴特教育学说广泛传播之际，对它的批评也开始出现。在西欧新教育运动和美国进步主义教育运动兴起之后，赫尔巴特教育学被认为是“传统教育”的主要代表。

13.2　典型题(含考研真题)详解

一、单项选择题

1. 作为教育学诞生的重要标志，赫尔巴特的《普通教育学》创建了教育“目的 - 手段”理论框架，并以心理学说明教育的(　　)。[统考 2020 年研]

A. 目的、手段和途径　　B. 目的、手段和障碍

C. 途径、障碍和目的　　D. 途径、手段和障碍

【答案】A

【解析】赫尔巴特认为，教育的最高目的是养成德性，掌握知识正是为了形成道德观念，知识越多，品德越好。为了实现教育目的，教学必须设立一个近期的、较为直接的目的，即多方面的兴趣。根据心理学的研究成果，他将道德教育与教学相结合，提出教育性教学原则，认为任何教学过程都必须同时进行教育，不存在“无教学的教育”和“无教育的教学”。道德教育必须依赖于教学，教学是道德教育的基本途径。因此赫尔巴特以心理学说明了教育的目的、途径和手段。

2. 依据赫尔巴特的教学形式阶段理论，学生的兴趣表现为注意，思维状态处于专心，通过教师讲解或提示的方式，获得清晰表达，这教学阶段是(　　)。[统考 2017 年研]

A. 明了　　B. 联合　　C. 系统　　D. 方法

【答案】A

【解析】赫尔巴特认为，任何教育活动都是一个井然有序的过程，均包括明了(清晰)、联想(联合)、系统、方法四个阶段。其中，明了(清晰)阶段是指当表象以自身的力量出现在感官前时，兴趣处于注意阶段，学生的思维处于静止的专心阶段。教师要运用直观的教具和具体的讲解，进行明确的提示，使学生获得清晰的表象，以做好观念联合，即学习新知识的准备。

3. 赫尔巴特认为教育目的包括“可能的目的”和“必要的目的”，其中“必要的目的”指(　　)。[统考 2016 年研]

A. 与儿童未来所从事职业有关的目的

B. 与儿童奠定必要的文化知识基础

C. 与儿童养成内心自由、完善、仁慈、正义、公平等道德观念有关的目的

D. 与儿童形成经验、思辨、同情、审美、社会、宗教等多方面兴趣有关的目的

【答案】C

【解析】赫尔巴特认为，教育所要达到的基本目的可以区分为两种，即所谓“可能的目的”和“必要的目的”。所谓“可能的目的”是指与儿童未来所从事的职业有关的目的，也就是“学生将来作为成年人本身所要确立的目的”。所谓“必要的目的”，是指教育所要达到的最高和最为基本的目的，即要养成内心自由、完善、仁慈、正义和公平等五种道德观念。

二、名词解释

《普通教育学》[首都师范大学2006研；华中师范大学2003研]

答：《普通教育学》是德国著名教育家赫尔巴特的重要著作，1806年出版，全书分别就儿童的管理、教学和训育三方面进行论述，体现了作者试图以心理学的观点阐明教育过程和实现教育目的的主要思想。书中阐明：①管理不是直接的教育，只是使学生形成遵守秩序的精神，为教学和训育的顺利进行创造条件；②教学是实现教育目的的主要手段，强调必须引起儿童对教学的兴趣，培养儿童的多方面兴趣，并根据统觉学说，提出形式教学阶段论，将教学过程分为明了、联想、系统和方法四个顺序阶段，建议教师可循教学进程交替使用陈述式、分析式和综合式的教学方法；③训育和教育两个概念的主要含义是一致的，都是为了激起学生感情的变化，以实现从思想团到形成性格的过渡。

三、简答题

赫尔巴特心理学与其教育思想的关系是什么？

答：赫尔巴特心理学是其教育思想的重要理论基础，二者密切联系。其实质关系表现在：

(1)教育学以心理学为基础

①赫尔巴特心理学一开始就与教育和教学问题直接联系在一起，他的心理学是一种教育化了的心理学。所以，赫尔巴特通常还被认为是现代教育心理学的创始人。如果脱离了他的心理学，人们就不可能正确理解他的教育思想。赫尔巴特认为，心理学应当成为一门科学，科学心理学应以经验、形而上学和数学为基础。通过经验，心理学得到它的材料，但心理学的任务不仅仅是收集这些材料，而应使内心成为可以理解的，这就需要用数学公式表示心灵活动的法则。

②赫尔巴特的教育思想基于心理学思想，他最初是从研究心理学入手，在心理学上有很高的造诣。他的心理学又称观念心理学，主要观点包括观念、意识阈和统觉，在观念上，他认为人的一切心理机能只是观念的活动，心理学就是研究观念活动的科学，观念的相互联合与斗争是心理学的基本内容。在意识阈上，一个观念若要由一个完全被抑制的状态进入一个现实观念的状态，必须跨过一道界限，这个界限便为意识阈。在统觉上，他认为统觉的过程就是把一些分散的感觉刺激纳入意识，形成一个统一的整体，组成“观念团”。赫尔巴特把这种观念及其统觉论应用于教育中，就是要说明教育是如何通过感觉经验的作用使学生不断掌握新知识的。

(2)教育理论是对心理学理论的应用和发展

赫尔巴特在其心理学的基础上，提出了完整的教育理论，教育理论中很多都涉及心理学的知识，并且将其灵活运用。赫尔巴特的教学形式阶段理论将教学过程分为明了、联想、系统、方法四个阶段，四个阶段是依次进行的，每一个阶段代表一个心理的过程。这是对统觉理论的应用。人的统觉团的形成要经历一系列的过程，而对这个过程的反应就是教学的四个阶段。这刚好反映赫尔巴特教育学和心理学知识结合的特点。这样的例子在他的教育理论中还有很多，其教育理论更进一步发展了心理学。

第14章　福禄培尔的教育实践与教育思想

14.1　复习笔记

【知识框架(庖丁解牛)】

- 福禄培尔的教育实践与教育思想
  - 福禄培尔的生平与教育活动
    - 生平
    - 教育活动
  - 论教育的基本原理
  - 幼儿园教育理论
  - 论学校教育
  - 福禄培尔教育思想的影响

【考点归纳(游刃有余)】

考点一、福禄培尔的生平与教育活动

1. 生平

福禄培尔(1782～1852)，德国著名的教育家，幼儿园的创立者，近代学前教育理论的奠基人，被人们誉为“幼儿教育之父”，主要著作有《人的教育》《母亲与儿歌》《幼儿园教育学》等。

2. 教育活动

表14－1　教育活动

时间	教育活动
1805年	两次向裴斯泰洛齐学习，研究儿童教育方法
1816年	创办“德国普通教养院”
1826年	发表《人的教育》
1834～1835年	在瑞士任孤儿院院长
1837年	完全转向学前教育，创办教育机构
1838年	发行《星期日报》，宣传儿童教育，介绍教育方法
1840年	将幼儿教育机构命名为“幼儿园”
1843年	出版《母亲与儿歌》
1849年	创办幼儿教师训练所
1850年	创办《教育周刊》

考点二、论教育的基本原理

表 14－2　论教育的基本原理

要点	具体内容
统一的原则	①一切都统一于上帝的精神，这也是它们的本质。 ②教育的任务是帮助人们逐步认识自然、人性和上帝的统一。 ③教育的实质是使人自由地表现其本质
顺其自然的原则	教育教学应以容忍和顺应为基本标志，呈现出保护性和防御性
发展的原则	①人性是不断成长和发展的过程，人的发展也是分阶段的连续过程。 ②对立与调和是人成长过程中的两条互相补充的原则
创造的原则	①与统一原则相联系，上帝创造了人，人也应该进行创造。 ②及早地使年轻一代从事外部工作与生产活动方面的训练

考点三、幼儿园教育理论

表 14－3　幼儿园教育理论

要点	具体内容
幼儿园工作的意义	母亲在儿童早期教育中作用重大，幼儿园则是家庭教育的补充，但并不能代替家庭教育
幼儿园工作的任务	通过游戏活动培养儿童，包括社会态度和民族美德、对自身与人类的认识、运用知识的实践能力等
幼儿园教育方法	①教育工作者应有意识地指导儿童亲身观察。 ②游戏是儿童内在本质的体现，在教育活动中富有价值。 ③通过团体活动接受教育
幼儿园课程	建立以游戏和活动为主的教育课程体系，包括游戏与歌谣、福禄培尔恩物、运动游戏和作业
学前过渡	“中间学校”的主要任务是帮助离开幼儿园即将进入学校的儿童实现从感觉直观到抽象思维的转折与过渡

考点四、论学校教育

表 14－4　论学校教育

要点	具体内容
学校的定义	出于一定的目的并按照自觉的内在联系传授知识的场所
学校中的课程	①出于对事物外部特性和内部本质进行认识的需要，必须设置宗教、自然科学与数学、语言三方面的课程。 ②重视艺术教育，使儿童全面发展。 ③主张将手工训练作为学校的科目，使儿童得到内容和手段的双重锻炼
学校教育与家庭教育	联系密切并保持一致，提出的 16 种科目贯穿家庭与学校事务

考点五、福禄培尔教育思想的影响

表 14－5　福禄培尔教育思想的影响

要点	具体内容
超前性与贡献	①创办第一所幼儿园，总结出一套育儿方法，建立近代学前教育的理论体系。 ②重视儿童的积极主动活动、强调游戏对教育的意义、推崇手工教育等思想和做法的影响超出了学前教育的范畴，影响了中小学课程的设置
局限性与不足	①世界观具有唯心主义倾向。 ②受时代局限，从自然发展规律中寻求人及其教育的发展规律，颇有牵强附会的成分。 ③活动和思想受到当时德国国内环境的影响限制

14.2　典型题(含考研真题)详解

一、单项选择题

1. 将游戏理解为儿童创造性的自我教育活动，主张为儿童建设公共游戏场所的教育家是(　　)。[统考 2017 年研]

A. 第斯多惠　　B. 乌申斯基　　C. 蒙台梭利　　D. 福禄培尔

【答案】D

【解析】福禄培尔是德国著名的教育家、幼儿园的创立者，也是近代学前教育理论的奠基人。福禄培尔强调游戏在幼儿教育中的作用，并亲自设计、制作了幼儿游戏用具——恩物。他认为，恩物的教育价值在于它是帮助儿童认识自然及其内在规律的重要工具。

2. 福禄培尔重视发挥游戏在幼儿教育中的价值，他将游戏理解为(　　)。[统考 2016 年研]

A. 儿童的外部肢体活动　　B. 儿童创造性自我活动的表现

C. 对儿童实施基础教育的最佳形式　　D. 促进儿童身体发育和健康成长的手段

【答案】B

【解析】福禄培尔关于幼儿园教育方法的基本原理是自我活动或自动性。他高度评价游戏的教育价值，把游戏看作儿童内在本质向外的自发表现，是人在这一阶段上最纯洁的精神产物。游戏不等于儿童的外部活动，而更多的是指儿童的心理态度，他认为游戏是创造性的自我活动和本能的自我教育。

二、简答题

简述福禄培尔的教育哲学思想。

答：福禄培尔深受德国谢林、费希特和黑格尔古典哲学的影响，认为宇宙精神是万物存在的根源，从教育思想的渊源来看，裴斯泰洛齐又为其提供了方法论基础。在此基础上，福禄培尔为其教育哲学思想确定了四项原则。主要包括：

(1)统一的原则

福禄培尔认为宇宙万物的本源是神，自然界和人都统一于神。人类首先须认识自然，进而认识人性，最终认识上帝的统一。教育的实质正在于使人能自由和自觉地表现他的本质，即上帝的精神。教育的任务就是帮助人类逐步认识自然、人性和上帝的统一。福禄培尔在统一原则中注入了神秘主义色彩。

(2)顺应自然的原则

福禄培尔根据裴斯泰洛齐的教育适应自然的原则，把这个原则理解为适应隐藏在人身上的力量和能力的自我发展。在福禄培尔看来，既然神性是人性的本质或根源，人性肯定是善的。因此，教育的原则就应该趋于宽容、顺应。他认为儿童的活动受本能的制约。儿童有四种本能：活动的本能、认识的本能、艺术的本能和宗教的本能。教育遵循和发展儿童的本能就是要唤起儿童的积极性、创造性和自动性。

(3)发展的原则

福禄培尔把人性看成一种不断发展和成长的事物，人的发展过程也和自然界的进化过程一样，经历了从不完善到完善、从低级到高级和由简单到复杂的前进序列。人的发展的各个阶段之间相互衔接、自然过渡、不间断地前进。因此，那种超越儿童年龄发展阶段的做法，期望儿童尽早在各方面表现得都像一个成年人的想法，会给儿童的发展和教育带来不可弥补的伤害。

(4)创造的原则

福禄培尔认为，上帝具有创造精神，上帝创造了人，人也应当像上帝一样进行创造。因此，教育要尽一切可能为儿童提供表现创造性的机会和场所。

第15章　19世纪欧美主要国家和日本的教育

15.1　复习笔记

【知识框架(庖丁解牛)】

- 19世纪欧美主要国家和日本的教育
  - 19世纪的德国教育
    - 19世纪德国教育发展概况
    - 费希特的生平、教育观及评价
    - 第斯多惠的生平、教育观及评价
  - 19世纪的法国教育
    - 19世纪法国教育发展概况
    - 涂尔干的生平、教育观及评价
  - 19世纪的英国教育
    - 19世纪英国教育发展概况
    - 斯宾塞的生平、教育观及评价
    - 赫胥黎的生平、教育观及评价
  - 19世纪的美国教育
    - 19世纪美国教育发展概况
    - 贺拉斯·曼的生平、教育观及评价
  - 19世纪的俄国教育
    - 19世纪俄国教育发展概况
    - 乌申斯基的生平、教育观及评价
  - 19世纪的日本教育
    - 19世纪日本教育发展概况
    - 福泽谕吉的生平、教育观及评价

【考点归纳(游刃有余)】

考点一、19世纪的德国教育

19世纪德国教育发展的过程经历了三个时期：19世纪初到30年代是发展时期，40年代到60年代是复辟时期，70年代到19世纪末是复兴时期。

1. 19世纪德国教育发展概况

表15-1　19世纪德国教育发展概况

教育阶段	具体内容
学前教育	大批幼儿教育机构19世纪40年代之前出现，1837年福禄培尔创办第一所幼儿园
初等教育	裴斯泰洛齐、第斯多惠和福禄培尔的教育思想深刻影响了德国的初等教育实践，进入19世纪，一些公国的《初等义务教育法》保障了本学段教育的发展。初等学校数量增加，入学率升高。师范教育随之发展起来

续表

教育阶段	具体内容
中等教育	洪堡的新人文主义思想促使中等教育改革，如将五种古典中学统称为文科中学、牧师不能任教、增设语言课程、实科中学得到政府认可等
高等教育	1810 年创办洪堡柏林大学，拥有办学自主权、重视学术研究和学生能力；创立高等工业学校和其他专业性学院

2. 费希特的生平、教育观及评价

表 15－2　费希特的生平、教育观及评价

要点	具体内容	
生平	1762 年～1814 年，是 19 世纪德国著名的哲学家和教育家；19 世纪德国国民教育理论的主要代表人物	
教育观	国民教育的作用	培养爱国精神、理性意识和独立人格
	国民教育的目的	培养德行良好并且个性发展完善的合格国民
	国民教育的实施	①由国家推行国民教育。 ②智育和德育相结合。 ③反对机械背诵，采用学生感兴趣的新方法教学
评价	他推动了 19 世纪德国教育改革和国民教育的进程	

3. 第斯多惠的生平、教育观及评价

表 15－3　第斯多惠的生平、教育观及评价

要点	具体内容	
生平	1790 年～1866 年，是 19 世纪德国著名的资产阶级民主主义教育家；被称为“德国师范教育之父”	
教育观	影响人发展的因素	天资、教育和个人的自由自主
	教育目的	激发为真、善、美服务的主动性，完善自我
	教学论	①形式教学与实质教学不能割裂。 ②教学应兼顾学生智力的发展和科学知识的掌握。 ③教学过程中应遵循自然原则、文化原则、连续性和彻底性原则、直观教学原则
	教师观	①倡导全社会尊师重教。 ②教师应自我教育，有崇高的责任感，有良好的教育素养和教学技能
评价	他是德国“近代学校”的维护者和近代教育学的理论代表，他的思想推动了资产阶级民主主义和人道主义思想的传播和发展	

考点二、19 世纪的法国教育

1. 19 世纪法国教育发展概况

表 15－4　19 世纪法国教育发展概况

要点	具体内容	
管理体制	第一帝国时期	确立了中央集权式教育管理体制，建立专门负责公共教育的团体

续表

要点	具体内容	
管理体制	复辟王朝时期	《基佐教育法》肯定地方教育权利，有效制止宗教势力插手教育管理的局面
	第二共和国时期	①教育部长法卢将学校管理权让给教会，颁布《法卢法》终止国家对教育垄断式管理。 ②加夫·罗兰德任职宗教事务与公共教育部时遏制教会势力
	巴黎公社时期	瓦扬在教育世俗化与普及化方面进行有效探索，具体措施如政教分离、聘任世俗教师、强制接管天主教控制的学校等
初等教育	第一帝国时期	政府疏于重视，宗教势力渗透，发展缓慢
	复辟王朝时期	社会经济的需求与科技的进步为初等教育发展提供契机，允许有宗教背景的教师任职，基督教大量创办学校
	七月王朝时期	发展势头强劲，《基佐教育法》提供法律保障
	第二共和国时期	私人和宗教势力的参与使初等学校数量大增
	巴黎公社时期	实行免费，每个儿童都享有受教育权
	第三共和国时期	《第一费里法案》《第二费里法案》的颁布与实施提供必要的法律保障，标志着初等教育进入新的历史阶段
中等教育	第一帝国时期	政府高度重视，国立中学和市立中学是主要教学机构
	复辟王朝时期	国立中学更名“皇家中学”，富有古典主义色彩
	七月王朝时期	经费短缺，发展速度渐缓
	第二帝国时期	驱除教会势力的影响，进行现代实科教育
	普法战争之后	致力于现代化，实行课程改革，开办国立或市立女子中学发展女子教育
高等教育	第一帝国时期	创办与发展专科学校、军事学校、巴黎高等师范学校，是“大学校”的前身
	复辟王朝时期	受宗教势力的冲击而停办
	七月王朝时期	大学的教学计划和课程设置不能满足社会发展需要，第二共和国和第二帝国的高等教育也是相同的情况
	第三共和国时期	发展新型高等教育，如设立硕士奖学金、增加财政拨款、提高教学质量等，法国高等教育步入复兴发展时期

2. 涂尔干的生平、教育观及评价

表 15－5 涂尔干的生平、教育观及评价

要点	具体内容	
生平	1858 年～1917 年，是近代法国著名的社会学家和教育家；西方教育社会学的奠基者；主要著作有《教育与社会学》《道德教育》《教育思想的演进》	
教育观	教育功能	①促使“个人我”转变为“社会我”，实现系统的社会化。 ②展示与发展个体潜能，培养遵守秩序、服从权威的品质。 ③使个体适应社会的各种能力实现代际传递
	道德教育	非宗教化，将道德教育与宗教教育分离，使儿童接受纯粹世俗的道德教育

续表

要点	具体内容	
教育观	教育学与社会学	①教育与社会紧密联系，研究教育问题的同时也要研究社会。 ②将社会学的指导性观念运用于教育实践，强调教育活动的社会意义
评价	他将社会学的观念用于教育研究与实践，赋予教育社会意义	

考点三、19 世纪的英国教育

1. 19 世纪英国教育发展概况

表 15－6　19 世纪英国教育发展概况

要点	具体内容	
历史背景	英国在本时期处于从自由资本主义向垄断资本主义过渡的阶段，资本主义经济发展的同时也暴露了弊端，社会状况影响着教育的理论与实践	
国家干预措施	①国家响应呼声逐步干预教育，使工人阶级的子女接受初等教育。 ②一些政治家和思想家出于长治久安的考虑主张发展国民教育事业。 ③惠特布雷特在 1807 年提出《教区学校议案》，未经上院通过。 ④国会在 1833 年开始拨出教育专款。 ⑤1839 年成立枢密院教育委员会负责专款的分配和使用。 ⑥枢密院教育委员会在 1856 年改组为教育局，是政府设立的第一个教育管理机构	
初等教育	19 世纪上叶	①由宗教团体和慈善机构管理，质量低下，学校和学生数量严重不足，师资极其欠缺，教学方法是导师制。 ②《工厂法》对儿童接受义务教育的要求使工人子女受教育情况得到一定程度的改善
	19 世纪下叶	出于国内工业革命和与别国经济竞争的需要，国家颁布《初等教育法》，标志着英国初等国民教育制度正式形成，初等教育在 1900 年基本普及
中等教育	捐办文法学校	办学规模小，课程内容陈旧，汤顿委员会提出改革措施但未被采纳
	公学	地位和社会声誉较高，曾形成九大公学。但内容陈旧、教学方法保守。19 世纪 60 年代经克拉雷顿委员会调查并提出改进措施之后，课程内容扩充，管理机构改革
高等教育	①新大学运动与大学推广运动体现本时期高等教育的发展。 ②新大学运动以 1828 年伦敦大学学院的成立为开始，不实施宗教教育，城市学院兴起，高等教育开始面向中产阶级子弟。 ③大学推广运动于 19 世纪 40 年代出现，将校内外讲座推广到非全日制学生中，使社会中下层和女性更多地接触到高等教育	

2. 斯宾塞的生平、教育观及评价

表 15－7　斯宾塞的生平、教育观及评价

要点	具体内容
生平	1820 年～1903 年，是 19 世纪英国著名的哲学家、社会学家和教育家；倡导科学教育；著有《教育论》

续表

要点	具体内容	
教育观	教育目的	为完满生活做准备
	课程设置	五类课程，其架构呈现出以科学知识为中心、兼顾个人和社会生活需要的特征
	教育原则与方法	①符合儿童心智发展的自然顺序。 ②教育方式和安排符合人类掌握知识的次序。 ③教学过程是实验到推理，引导儿童探讨和推论。 ④注重学生的兴趣，运用实物进行教学
评价	他倡导重视学生身心健康的教学方法，具有鲜明的进步性	

3. 赫胥黎的生平、教育观及评价

表 15-8 赫胥黎的生平、教育观及评价

要点	具体内容	
生平	1825 年～1895 年，是 19 世纪英国著名的自然科学家和教育家；代表作是他的论文集《科学与教育》	
教育观	传统教育	因其片面、狭窄和无教养受到赫胥黎的批判
	科学教育	首先是自然科学，其次是道德理论，最后是本国历史课程
	自由教育	兼顾科学教育与人文学科教育才是完整的自由教育
评价	他对传统教育的批判和对科学教育、自由教育等的提倡，对当时英国教育改革和教育思想的转变具有决定性的影响；但其思想中的宗教色彩又体现出他的局限性	

考点四、19 世纪的美国教育

1. 19 世纪美国教育发展概况

表 15-9 19 世纪美国教育发展概况

要点	具体内容	
教育管理体制	学区制	①出现于殖民地时期，19 世纪中期普遍存在，之后进行改革，或削弱职权或进行合并。 ②一度促进了美国教育的发展，但在实施中也有很多问题，如学区之间因经费问题导致教育质量低下
	州教育领导体制	①是教育管理地方分权的体现，纽约州最早设置教育官员。 ②马萨诸塞州教育委员秘书贺拉斯·曼推行公立教育运动。 ③19 世纪下叶，州教育委员会成为法定的教育决策和规划机构
	联邦教育机构	1867 年设立联邦教育署，1870 年改称教育局
初等教育	①19 世纪初期初等教育发展缓慢、内容脱离实际、教学质量低下的导师制盛行等弊病难以适应社会经济的发展。 ②贺拉斯·曼与巴纳德等人开展公立教育运动。 ③公立教育运动表现在建立地方税收制度、兴办公立小学、实行免费教育和强迫入学这几个方面	

续表

要点	具体内容	
中等教育	文实中学	1751 年富兰克林在费城首创，起初发展缓慢，当拉丁文法学校不能适应社会发展时才成为主要的中学类型，它促进了美国中等教育从古典到现代的转变
	公立中学	1821 年出现在波士顿，南北战争后快速发展；教学内容与社会实际紧密结合，公立教育运动延伸至中等教育阶段
	拉丁文法学校	19 世纪仍然存在，后因教学内容空疏，与社会实际脱节，让位于文实中学
高等教育	办学形式	私立为主，公立和私立并重
	学校类型	工农学院兴起并发展，高等教育与社会需要联系更加紧密；创办研究型大学，丰富了高等教育学校类型
	教育对象	女子进入高等学校
	教育规模	很小

2. 贺拉斯·曼的生平、教育观及评价

表 15－10　贺拉斯·曼的生平、教育观及评价

要点	具体内容	
生平	1796 年～1859 年，是 19 世纪美国杰出的教育家；1837 年，开始投入公立教育运动，创建了州教育管理体制；被誉为"美国公立学校之父"	
教育观	教育作用	①推行普及教育以保存共和政体。 ②教育能够维持社会安定。 ③教育可以帮助人民摆脱贫穷
	教育目的	培养社会需要的专业工作者
	教育内容	包括体育、智育、政治教育、道德教育、宗教教育等
	师范教育	①视为提高公立学校教育质量的手段。 ②主张创设师范学校
评价	他推动了公立学校运动的发展	

考点五、19 世纪的俄国教育

19 世纪，沙皇政府进行了几次教育改革，其中最重要的是 19 世纪初和 60 年代的两次改革。

1. 19 世纪俄国教育发展概况

表 15－11　19 世纪俄国教育发展概况

要点	具体内容	
19 世纪初的改革	①沙皇亚历山大一世颁布《国民教育暂行条例》和《大学附属学校章程》。 ②建立了堂区学校、县立学校、文科中学和大学这一学校体系	
19 世纪 60 年代的改革	背景	沙皇政府相继颁布《大学所属各级学校规程》和《大学章程》，建立起等级鲜明的学校体系，这种倒退政策兴起了公共教育运动

续表

要点	具体内容	
19世纪60年代的改革	措施	①颁布《国民教育部女子学校章程》，创建女子学校。 ②颁布《俄罗斯帝国大学章程》，恢复大学的自治权。 ③颁布《初等国民教育章程》，放宽了办学权利，各阶层儿童都可入学，允许男女同校。 ④颁布《文科中学和中学预备学校章程》，分为古典文科中学和实科中学，采用新型教学法
19世纪70年代的复辟	①沙皇的反动措施使教育发展出现倒退。 ②《中等学校规程》增强了教育等级性，《初等国民学校规程》和《大学规程》使政府加强对国民学校的控制，大学的自治权等权利被取消	

2. 乌申斯基的生平、教育观及评价

表15－12 乌申斯基的生平、教育观及评价

要点	具体内容	
生平	1823年～1870年，是19世纪俄国著名的教育家；1859年，他曾任斯莫尔尼贵族女子学院学监，全面改革了该校的教育教学，创立俄国女子师范学校；1860年开始任《教育部杂志》编辑，从事教育理论研究，考察西方各国教育；被誉为"俄国教育科学的创始人""俄国教师的教师"；其教育代表著作是《人是教育的对象》	
教育观	教育的本质	是一门艺术而非科学
	教育的目的	培养全面和谐发展的个人
	教学观	①传授知识、培养能力是教学目的。 ②设置实科课程。 ③遵循自觉性与积极性、直观性、连贯性和巩固性等教学原则
	道德教育	①道德教育是培养情感、形成品格的最佳途径。 ②道德品德的培养应与掌握知识和日常活动相结合。 ③将宗教教育保留在道德教育体系中
	教育学	①广义指教育学者所必需的或有用的知识的汇集。 ②狭义指教育活动规则的汇集
	师范教育	①主张创办教育系，以发展教育学、培养教育学者。 ②充分关注师范教育，撰写《师范学堂草案》
评价	他的教育思想不仅对19世纪后半期俄国的教育改革产生了深刻影响，而且对苏联的教育理论与实践以及欧洲教育理论的发展也产生了一定的影响	

考点六、19世纪的日本教育

1. 19世纪日本教育发展概况

18世纪中叶以后，资本主义生产关系萌芽在日本出现，"倒幕运动"建立了大地主、大资产阶级联合执政的明治政府。"明治维新"促进了日本的近代化，包括教育的近代化。

表 15－13　19 世纪日本教育发展概况

要点	具体内容	
教育管理体制	明治维新前	皇室、幕府和藩国管理教育，尚未确立近代意义上的管理体制
	明治维新时	①政府顺应改革目的而加强对教育事业的领导和管理。 ②1871 年设立文部省统一管理文教和宗教事务。 ③1872 年颁布《学制令》确立了中央集权式的大学区制
初等教育	明治维新前	有一定的发展，镰仓与战国时期的寺院、江户时期的寺子屋和乡学均提供教育，但设施简陋，教学质量不高
	明治维新时	①出于培养忠顺、爱国、守法的国民的需要，政府极为重视。 ②设置小学，分为两个阶段，《小学令》在实践中更为务实可行。 ③以多种形式向学生灌输忠孝意识、军国主义思想和神道观念
中等教育	明治维新前	幕府时代通过藩校和私塾教授学生兰学知识、数学和外国语
	明治维新后	①推行《学制令》后产生近代中等学校，通过《中学校令》进一步规范。 ②19 世纪末，中等教育结构包括中学（寻常中学与高等学校）、中等技术学校与女子中学
高等教育	①始于明治维新的教育改革，幕府时期到 19 世纪上叶兴办的昌平坂学问所、和学讲习所、开成所、医学所等为新式大学的创办奠基。 ②1877 年东京大学创立，是新式大学的开端。 ③19 世纪末至 20 世纪初成立的一批大学为日本工业化发展培养了众多人才	
师范教育	①明治时期的初等义务教育运动客观上提出了师资需求，政府也非常重视。 ②1886 年颁布《师范学校令》为师范教育提供政策支持	

2. 福泽谕吉的生平、教育观及评价

表 15－14　福泽谕吉的生平、教育观及评价

要点	具体内容	
生平	1835 年～1901 年，是日本近代著名的启蒙思想家、教育家；被誉为“日本近代教育之父”；教育代表作有《劝学篇》《文明论概略》	
教育观	教育的作用	知识丰富的人才能富贵
	智育	学问有主次之分，学习能够解决实际问题的学问
	德育	①内心真诚首先体现在个人的国家观念和天赋民权意识。 ②德育还体现在个人独立意识的培养
	体育	①体育锻炼旨在使人身体健壮、精神活泼。 ②锻炼方法可根据本国的传统与风俗选择
评价	他一生致力于日本的“文明开化”事业，积极宣扬资产阶级启蒙思想，推动了日本近代新式教育的发展，但其思想以进化论和社会生物主义为基础，带有军国主义色彩	

15.2 典型题(含考研真题)详解

一、单项选择题

1. 1896 年法国《国立大学组织法》的颁布与实施标志着(　　)。[统考 2020 年研]

A. 法国传统“大学”的复办

B. 法国现代“大学校”的诞生

C. 法国高等教育国立化进程的开端

D. 法国中央集权式高等教育管理体制的确立

【答案】A

【解析】1896 年 7 月颁布的《国立大学组织法》使得停办了一个世纪的法国传统意义的“大学”重新出现在法国社会上。

2. 拿破仑第一帝国政府重视发展中等教育以培养帝国官吏和行政管理人员，其实施中等教育的重要机构是(　　)。[统考 2019 年研]

A. 国立中学和市立中学　　B. 文科中学和实科中学

C. 古典中学和现代中学　　D. 综合中学和职业中学

【答案】A

【解析】法国的中等教育受到拿破仑第一帝国政府的高度重视，国立中学和市立中学是实施中等教育的主要机构，为中央集权国家庞大的官僚机构培养文职官员。

3. 1862 年，美国总统林肯批准实施《莫雷尔法案》，要求各州开班或资助农业和机械工艺类学院，这类学院被称为(　　)。[统考 2019 年研]

A. 城市学院　　B. 社区学院　　C. 赠地学院　　D. 技术学院

【答案】C

【解析】《莫雷尔法案》又称为“赠地法案”，即联邦政府通过给各州划拨土地的方式援助各州的农业、机械工艺类学院的发展，这类学院被称为“赠地学院”，这场运动被称为赠地学院运动。

4. 1870 年《福斯特法案》的颁布与实施在应该教育史上具有重大意义，标志着英国(　　)。[统考 2019 年研]

A. 初等国民教育制度的形成

B. 中等教育双轨制的确立

C. 高等教育体系的完善

D. 以地方教育当局为主的教育行政体制的建立

【答案】A

【解析】《福斯特法案》又称《初等教育法》，规定国家对教育享有补助权与监督权，设立学校委员会管理地方教育，对 5 ~ 12 岁儿童实施强迫性初等教育。《初等教育法》的颁布加速了英国初等教育的发展，意味着英国初等国民教育制度的形成，为英国教育国家化奠定了基础。

5. 美国公立初等教育在 19 世纪上半叶发展与进步的主要表现为(　　)。[统考 2016 年研]

A. 进步教育运动的开展

B. 地方教育税与强迫入学制度的建立

C. “回归基础”与“生计教育运动”的开展

D. 赫尔巴特教学法在小学教育中实践推广

【答案】B

【解析】19 世纪 30 年代贺拉斯・曼等人推行了公立教育运动，公立教育通常是指由公共税收维持、公共教育机关管理、所有公民均应享受的免费教育。这场公立教育运动的兴起极大地推动了美国初等教育的发展，主要表现在四个方面：建立地方税收制度，兴办公立小学；强迫入学；免费教育。

6. 法兰西第一帝国时期拿破仑十分重视技术教育和专门学校的发展，曾被其喻为“能下金蛋的母鸡”的教育机构是(　　)。[统考 2015 年研]

A. 巴黎机械与化学工艺学校

B. 圣苏尔特种军事学校

C. 巴黎高等师范学校

D. 巴黎理工学校

【答案】D

【解析】拿破仑极为重视教师和学者的作用，尊重教育本身的客观规律，对于在大革命处于生死关头创建起来并发挥重大作用的巴黎理工学校，他更有着特殊的感情。1804 年 12 月 2 日拿破仑称帝。第二天就在战神广场上亲授理工学校一面旗帜，上写“为了祖国的科学和荣誉!”当时的领旗人，学校首届毕业生阿拉戈，后来成为著名的天文学家。一八一四年，俄、奥、普联军兵临巴黎城下，理工学校学生要求参战。面临灭顶之灾的拿破仑却说：“我不愿为取金蛋杀掉我的老母鸡!”

7. 19 世纪前半期，英国兴起的城市学院运动在较大程度上革新了英国高等教育传统，此类学院在教育实践中强调(　　)。[统考 2015 年研]

A. 宗教神学知识教学与自然科学知识教学并重

B. 贵族子弟与中产阶层子弟同堂学习

C. 古典学科与现代科学并行不悖

D. 社会团体与政府合作管理

【答案】B

【解析】19 世纪下半叶，在伦敦大学的带动下，许多民办的城市学院纷纷成立，这些学院注重工业和科学领域。城市学院的兴起改变了英国高等教育传统。从此，科学步入高等教育的殿堂，高等教育不再仅仅是贵族和上层阶级的特权，中产阶级也有机会进入高校大门。

8. 下列表述中，不符合贺拉斯・曼关于美国公立学校教育目的与作用理解的是(　　)。[统考 2015 年研]

A. 社会机器的平衡轮

B. 社会人才的锻造炉

C. 社会差异的复印机

D. 社会意识的均衡阀

【答案】C

【解析】贺拉斯·曼曾说："除了人类所创造的其他一切手段以外，教育是人们的情况的伟大均衡阀——它是社会机器的平衡轮。"赫拉斯·曼把公立学校看成一个熔炉，从中锤炼出美国社会所需要的形形色色的人才。

9. "如果现在在大学里有医学系甚至有财经系，而没有教育系，那么这只是表明，直到现在人对他的身体和荷包的健康的珍惜还是甚于对他的精神健康的珍惜，他对后代的物质财富的关心，超过对他们的优良教育的关心。"作此表述的教育家是（　　）。[统考2010年研]

A. 乌申斯基　　B. 苏霍姆林斯基　　C. 凯洛夫　　D. 赞科夫

【答案】A

【解析】乌申斯基是19世纪俄国著名的教育家。乌申斯基主张，为发展教育学，培养一批教育学者，最好的途径便是创办教育系。设立教育系的目的是研究人和人性的一切表现及其在教育艺术上的专门应用。他说，如果我们把我们的健康托付给医学家，那么我们就要把我们的子女的道德和心智托付给教育者，把子女们的灵魂，同时也把祖国的未来托付给他们。由于乌申斯基以其卓越的理论探索和教育实践活动对19世纪后半期俄国教育的发展产生了积极影响，被誉为"俄国教育科学的创始人""俄国教师的教师"题中所述正是乌申斯基关于设立教育系的理由的论断。

二、名词解释

教育预备说[华东师范大学2002研]

答：教育预备说是主张教育应当为人的未来生活做准备的学说，代表人物是19世纪英国教育家斯宾塞。他批判旧教育注重身份、点缀生活的空疏性质，提出真正的教育目的与任务应建立在实际需要的基础上，为完满的生活做准备。他的完满生活包括五项：直接保全自己的活动；间接保全自己的活动；抚养教育子女的活动；与维持正常社会政治关系有关的活动；满足爱好和感情的活动。他指出为实现这些目的，教育的根本任务就在于向青年传授科学知识。

三、简答题

1. 简评斯宾塞关于智育的思想。[大连理工大学2004研]

相关试题：

①简述斯宾塞的课程观。[华中师范大学2005研]

②简述斯宾塞"什么知识最有价值"的思想及时代意义。[中山大学2006研]

答：斯宾塞是19世纪英国著名的哲学家、社会学家和教育家。他是反对当时英国学校古典主义教育，提倡科学教育的主要代表人物之一，对英国教育内容的革新产生过深刻影响。他的教育代表著作是《教育论》。他的智育中也体现着他重视科学教育的思想。

（1）斯宾塞智育的主要内容

参见本章复习笔记。

（2）斯宾塞智育思想的评价

斯宾塞在科学教育思想指导下的智育思想适应了社会发展和时代进步的客观要求，其中包含了许多反映教育客观规律和具有普遍指导意义的重要论断。斯宾塞的课程论以科学知识为中心，重视个人和社会生活，是教育思想上的一次变革。在教学方法上，斯宾塞重视心理规律、兴趣、实验等，与传统教育的照本宣科、死记硬背、无视学生的身心规律和学习主动性相比是一种历史进步。斯宾塞崭新的智育思想不仅对英国中学和大学冲破古典教育的禁锢产生了深刻影响，而且影响到欧美等其他国家，极大推动了科学教育的发展。但他的教育思想也有历史局限性，如他的课程论反映了资产阶级利益，带有明显的个人主义、功利主义的色彩。

2. 简述福泽谕吉的教育思想。

答：福泽谕吉是日本明治时代杰出的启蒙教育家和思想家，终其一生关注日本“文明开化”事业，出版《劝学篇》《文明论概略》等学术著作，主要教育思想如下：

(1)教育作用

福泽谕吉认为众生一律平等，穷富、贵贱之分主要是有无知识和学与不学造成的。在教育的作用上，他主张知识丰富的人才能富贵。这种学问知识并非空洞无用的，而是有助于人们出世立身的学问。

(2)智育

福泽谕吉将学问分为主要和次要，提倡学习能够解决实际问题的学问，即“修习学问，唯尚实学”。而在研究学问时，他主张确立远大志向，并以追求独立不羁和自由自主为最终目的。所谓独立，不仅关乎个人，也与国家的自由独立地位紧密相连。

(3)德育

关于道德，福泽谕吉认为人内心的真诚首先体现在个人的国家观念和天赋民权意识上，其次展现于个人独立意识的培养。在德育的实施中，他反对一味学习、膜拜西洋文明，强调民族自尊心的培养。结合本国情况，取舍合宜地学习、吸收外国先进文明。

(4)体育

福泽谕吉将健康的身体看作是任何智慧和道德观念得以培养和形成的基础，在具体的锻炼中，他强调正确的目标，即身体健壮、精神活泼愉快。同时注重选择适合本国传统和风俗的方法进行锻炼，并将体育纳入必修课的范围。

综上，福泽谕吉积极投身于文明开化和思想启蒙活动，以教育为利器批判封建意识，强调本国国民的整体素质，他的教育思想对当时及后来日本教育改革与发展产生了显著影响。

四、论述题

比较 19 世纪欧美和日本教育发展过程中的异同。

答：19 世纪欧美和日本在政治、经济文化方面都经历了很多的变化，取得了很大的成就，各国在教育方面也发生了相应的变化，欧美和日本在教育发展过程中既表现出相同之处，也有不同的地方。

(1)欧美与日本教育发展过程中的相同点

①形成了比较完善的近代教育体制，并在原有基础上进行修缮、补充，使其更加系统

全面。纵向来看，从初等教育到中等教育，再到高等教育；横向来看，职业教育、普通教育以及师范教育，形成一个全面的体系。这样的教育体系，欧美国家早已建立起来，日本通过明治维新也逐渐建立起完整的近代教育体制。

②以法律促成教育体制的完善。在具体实施上，欧美和日本都用颁布法律的形式来强制性地实施教育方面的改革，用法律的力量来促使教育体制更加完善，使其实施变得更加方便。如日本文部省颁布了《学制令》，确立了日本的教育领导体制——中央集权式的大学区制。美国国会通过《莫里尔法案》促进农工学院的发展，英法也主要通过法案形式来推动教育方面的各项改革。

③在初等教育上，都开始全面实行免费义务教育。从而保障儿童的受教育权利，并且颁布具体的义务教育法来督促实行，这对国民素质的提高以及教育的普及都起到非常关键的作用。如英国政府颁布了《初等教育法》，对 5 ~ 12 岁的儿童强迫实施初等教育，日本明治维新时也大力提倡初等义务教育。

④在中等教育上，积极发展师范教育。加强教师方面的教育，提高整个教师群体的素质，保障师范教育的质量，从而也有利于普通教育质量的提高。如日本颁布的《师范学校令》将师范学校分为寻常师范学校与高等师范学校两类，分别为公立小学和寻常师范学校培养教师和校长。

⑤在高等教育上，主张自由的学术研究。提倡大学科学研究的职能，形成了新的办学特色，实行"学术自由""教学自由"与"学习自由"。大学具有办学的自主权；聘请知名学者任教；重视学术研究与培养学生的研究能力。如德国柏林大学的兴建，日本东京帝国大学的兴建，都体现出这些特点。

(2)欧美与日本教育发展过程中的不同点

①欧美教育的发展和日本教育改革的重心不一致。欧美教育的资本主义教育制度已经经历了很长时间的发展和完善，19 世纪的改革只是针对原有的教育体制进行修补，并没有推倒重新建立的意味。而日本的教育改革思路则不一致，明治维新本质上是一场从封建道路向资本主义道路迈进的过程，日本要将原有的封建教育体制全面废止，重新向西方学习资本主义教育思想和教育制度，并将其与日本的国情相结合，建立起符合日本的教育体制，这是一个逐渐进行并且努力尝试的过程。

②一方面明治维新使日本教育走上了近代化的道路，另一方面，这个时期的日本教育已表现出军国主义色彩，欧美则不带有军国主义色彩。日本的教育改革上也留有很多封建残余，而这些封建思想主导着教育思想的发展，例如忠于天皇等思想。最终日本的军国主义教育将日本国民带入到战争中，并造成了重大的损失，这是明治维新以来日本教育的最大弊端。

第 16 章　马克思和恩格斯的教育思想

16.1　复习笔记

【知识框架（庖丁解牛）】

马克思和恩格斯的教育思想
- 对空想社会主义者教育思想的批判继承
- 论教育与社会及社会生产的关系
- 论人的本质和个性形成
- 论人的全面发展
- 论教育与生产劳动相结合

【考点归纳（游刃有余）】

考点一、对空想社会主义者教育思想的批判继承

马克思、恩格斯批判继承了 19 世纪以圣西门、傅立叶和欧文为代表的三大空想社会主义者的教育观点。

表 16－1　对空想社会主义者教育思想的批判继承

要点	具体内容
资本主义社会教育	空想主义者对资本主义教育的批判具有积极意义，但仅仅从人性论证其不合理性，没有从社会根源揭示其弊病和解决途径
环境和教育	肯定了空想主义者对环境和教育对人的发展作用的重视，批评了他们对人主观能动性的忽视
人的全面发展	赞同空想主义者提出人的全面发展的主张，扬弃了他们基于人性论的空想成分
教育与生产劳动	肯定了空想主义者将教育与生产劳动相结合的前瞻性，也指出其并未揭示二者相结合的客观规律

考点二、论教育与社会及社会生产的关系

表 16－2　论教育与社会及社会生产的关系

要点	具体内容
教育与社会	①教育是人类社会所特有的社会现象，具有社会性。 ②用历史唯物主义的观点揭示了教育与社会的关系以及教育的社会性质。 ③教育与社会的关系，表现为教育与一定社会关系的关系。 ④教育受到社会关系的制约，但教育对社会关系具有相对独立性和继承性

续表

要点	具体内容
教育与社会生产	①教育的发展，归根到底要受社会生产力的制约。 ②社会生产对教育的作用的变化是一个历史发展的过程，社会生产处于简单再生产水平时，生产和教育的相互作用极其有限。现代机器大工业兴起对教育提出了要求，教育在社会生产中的作用和地位日益提升。 ③教育在物质生产中的意义主要有：a. 教育是劳动生产和再生产的重要手段；b. 教育是科学知识转化为现实生产力的重要手段；c. 学校是科学知识再生产的重要场所

考点三、论人的本质和个性形成

表 16－3 论人的本质和个性形成

要点	具体内容
人的本质	①人的本质是劳动，现实性上则是一切社会关系的总和。 ②反对将人的本质看成单个人所固有的抽象物，强调从现实上对人进行考察和认识。 ③强调人的社会性。 ④人是社会的产物，但不是消极的个体
人的个性形成	①人的遗传素质是人生存和发展的前提和物质基础，教育和社会条件对人的形成和发展起决定性作用。 ②重视社会环境和教育在人发展过程中的作用，但是反对爱尔维修和欧文等人对二者作用的夸大。 ③将实践的观点纳入人的形成和发展理论

考点四、论人的全面发展

表 16－4 论人的全面发展

要点	具体内容
社会根源与趋势	①旧式分工使人成为片面的人。 ②资本主义工程手工业的发展人为地培植工人的片面技巧。 ③资本主义机器大工业使工人的片面发展达到极致并普遍化，但现代科技革新客观上强调人具有不同的社会职能
解决方案	通过根本改变资本主义生产关系来满足大工业本性对人多方面发展的客观要求
实施途径	废除生产资料私有制，消灭阶级，高度发展社会生产力，为将来提倡人自由而全面发展的社会形式创造现实基础
教育内容	全面普遍的教育包括智育、综合技术教育、体育和德育，并将真正自由的生产劳动与教育结合

考点五、论教育与生产劳动相结合

表 16－5 论教育与生产劳动相结合

要点	具体内容
背景	马、恩批判地继承了历史上的教育与劳动相结合的思想，又根据其对资本主义机器大工业生产的深刻分析，把教育与生产劳动结合起来加以论证
二者相结合的意义	是现代生产、现代科学与现代教育密切联系的反映和要求
二者相结合的实践	社会主义社会从劳动制度和教育制度上为其实现提供日益完善的条件

16.2　典型题(含考研真题)详解

一、单项选择题

马克思主义经典作家认为，实现人的社会全面发展的基本途径是(　　)。[统考 2013 年研]

A. 发展生产力　　　　B. 消灭社会分工

C. 普及教育　　　　D. 教育与生产劳动相结合

【答案】D

【解析】现代教育与生产劳动相结合不仅是发展社会生产力的重要方法，也是培养全面发展的人的唯一方法。

二、简答题

马克思、恩格斯怎样揭示现代生产、现代科学和现代教育的内在联系?

答：马克思、恩格斯在系统地分析了科学技术的发展、分工的发展与人的发展的关系的基础上，揭示了现代生产、现代科学和现代教育的内在联系，即现代生产是建立在现代科学技术发展的基础上的，而随着现代生产的出现和发展，其对人才规格提出了更高的要求，推动了现代教育的产生和发展，从而通过培养人才和再生产科学技术进一步促进了现代生产的发展和现代科学技术的进步。

(1)现代科学的发展是现代生产出现和发展的前提和基础

马克思、恩格斯认为，现代生产的发展建立在现代科学技术基础上。随着现代科技的出现和发展，生产技术不断革新，从而使工人的职能和劳动过程的社会结合不断随着生产的技术基础的变化而变革，不断破坏旧的分工，由此推动了现代大工业生产的出现和发展。

(2)现代科学和现代生产的发展推动了现代教育的产生

随着现代大工业的逐步建立，旧的分工被破坏，工人原有的知识、技能等水平已经不能适应现代生产了，于是，建立在现代科学技术基础上的现代生产对教育提出了更高的要求，要求教育能够提供知识更为丰富的、经过了专门的学习和训练的劳动者以适应多种专业的劳动。与此同时，现代科学技术的发展为教育提供了更加先进的教学设备，更新了教育内容、方式、手段等。基于现代科学技术的发展并为了适应现代大生产发展需求的现代教育便由此出现和发展起来。

(3)现代教育的发展是现代生产和科学进一步发展的动力

马克思、恩格斯指出，现代教育的出现和发展对现代生产和现代科学发展的作用主要体现在以下两个方面：一方面，现代教育为现代生产的发展提供了大量的专门人才。这些专门人才进入生产领域，将其科学知识转化为生产力，创造更多财富的同时也充分发挥着辐射作用，带动和训练了更多的人才，从而进一步推动了现代生产的发展；另一方面，现代教育不断地使科学知识得以生产和再生产，不仅把人类长期积累的科学知识进行有效的保存、选择和传递，而且通过高等专业技术教育机构的研究和开发，再生产科学知识，从而进一步推动了现代科学技术的发展。

第三编　现代教育史

第17章　19世纪末至20世纪前期欧美教育思潮和教育实验

17.1　复习笔记

【知识框架(庖丁解牛)】

- 19世纪末至20世纪前期欧美教育思潮和教育实验
  - 新教育运动
    - 新教育运动概况
    - 新教育的代表人物
    - 对新教育运动的评价
  - 进步教育运动
    - 进步教育运动概况
    - 几种重要的教育制度和教育方法
  - 实验教育学
    - 实验教育学概况
    - 实验教育学的分类
  - 凯兴斯泰纳及其“公民教育”与“劳作学校”理论
    - 生平
    - “公民教育”与“劳作学校”理论
  - 对19世纪末至20世纪初的欧美教育思潮的评价

【考点归纳(游刃有余)】

考点一、新教育运动

1. 新教育运动概况

表17－1　新教育运动概况

要点	具体内容
含义	19世纪末20世纪初在欧洲兴起的教育改革运动，也叫“新学校运动”
特征	建立不同于传统学校的新学校作为新教育的“实验室”
开端	1889年，英国教育家雷迪在德比郡开办阿博茨霍尔姆乡村寄宿学校
代表事件	①1899年瑞士教育家费利耶尔在日内瓦建立国际新学校局作为联络中心。 ②1921年费利耶尔在法国的加来市发起成立新教育联谊会，出版《新时期的教育》杂志
终结	1966年，新教育联谊会改名“世界教育联谊会”，标志着新教育运动作为一场运动的终结

2. 新教育的代表人物

表 17－2 新教育的代表人物

代表人物	具体主张
爱伦·凯（瑞典）	①优生优育，保护母亲与儿童。 ②重视家庭教育，提倡父母以身作则。 ③倡导自由教育，批判以往教育对儿童的摧残。 ④建立新的师范学校
德可乐利（比利时）	①教育环境应为学生智力的、体力的、社会的和审美的生活服务。 ②课程以“兴趣中心”。 ③教学方法根据单元学习分为观察、联想和表达三段
罗素（英国）	①强调“自由教育”“爱的教育”以及发展个人主义。 ②阻止或消灭战争是教育的目的。 ③教育制度民主化、教育内容实用化、教育方法自由化、更多注意幼儿期的教育。 ④进行具体而直接的道德教育

3. 对新教育运动的评价

表 17－3 对新教育运动的评价

要点	具体内容
意义	①促使人们全面反思西方教育传统，推动对教育现象的重新认识。 ②一系列新学校为现代教育的改革提供了新的模式。 ③形成的思想和开展的实践对 20 世纪欧美国家的教育发展产生广泛而深刻的影响，构成 20 世纪西方教育发展的重要起点
局限	①在儿童个人的发展方面，所注重的主要是精英教育而非大众教育。 ②始终未能解决好教育过程中的基本矛盾，如儿童主动性与教师工作的矛盾、活动与系统知识的矛盾等

考点二、进步教育运动

1. 进步教育运动概况

表 17－4 进步教育运动概况

要点	具体内容
含义	又称“进步主义教育运动”，是指 19 世纪末在美国产生并持续到 20 世纪 50 年代一种教育革新思潮
兴起（19 世纪末～1918 年）	帕克在 19 世纪末进行教育革新实验，创造了“昆西教学法”，被杜威称作“进步教育之父”
成型（1918～1929 年）	“进步主义教育七项原则”制定，创办《进步主义教育》杂志
转折（1929～1944 年）	进步教育运动的专业化倾向使其失去了公众的理解和支持，内部出现“儿童中心”与“社会中心”的分化，经济大萧条也影响其发展
衰落（1944～1957 年）	由于不能与社会发展同步、保守主义的攻击以及实践本身的各种局限，美国进步教育协会更名为“美国教育联谊会”，1955 年解散，标志着运动结束

2. 几种重要的教育制度和教育方法

表 17－5　几种重要的教育制度和教育方法

教育制度及方法	具体内容
昆西教学法(帕克)	①儿童是学校教育的中心。 ②重视学校的社会功能。 ③课程与实践活动相联系。 ④重视儿童的自我探索和创造精神
有机教育学校(约翰逊)	①发展人的整个机体。 ②教育方法顺其自然，是“有机的”。 ③以一般的发展来分班，按学生年龄分组教学。 ④培养儿童的社会意识。 ⑤强调儿童的纪律
葛雷制(沃特)	①课程是具有社会性质的作业。 ②采用二重编制法教学，学生一部分在教室，一部分在其他场所
道尔顿制(帕克赫斯特)	①废除课堂教学，改为“公约制”进行自学。 ②教授改为各科作业室和实验室。 ③以“表格法”把握学生的学习进度。 ④自由、合作是两个重要原则
文纳特卡计划(华虚朋)	①学校课程适应儿童个别差异，个别学习与小组学习相结合。 ②课程分为共同知识或技能与创造性、社会性的作业
设计教学法(克伯屈)	①取消课堂教学，改为有目的的活动。 ②步骤是决定目的、制定计划、实施计划和评判结果

考点三、实验教育学

1. 实验教育学概况

表 17－6　实验教育学概况

要点	具体内容
产生时间	19 世纪末 20 世纪初产生于德国，随后在欧美一些国家发展
显著标志	以教育实验为标志
代表人物	德国的梅伊曼和拉伊、法国的比纳、美国的霍尔和桑代克
基本特征	重视研究儿童发展与教育的关系，重视实验并强调从实验的结果中寻找教育的途径和方法
积极影响	为新教育提供了重要的理论依据，促进了教育理论的科学化，并给实际教育工作者以有益的启迪
主要问题	①片面强调儿童的生物性，过分考虑教育的自然科学化，忽视了社会性因素。 ②把实验方法推崇到极端，忽视了社会科学与自然科学的差异性

2. 实验教育学的分类

表 17－7　实验教育学的分类

要点		具体内容
德国的实验教育学	梅伊曼	①强调通过科学实验的验证来发现和陈述事实。 ②汇集有关教育的各种实验的科学就是实验教育学。 ③受过训练的实验心理学家在心理学实验室进行研究
	拉伊	①强调实验方法是基础。 ②教育学的三大领域是教育史、辅助科学和实验研究。 ③教育学分为"个体教育学""自然教育学"和"社会教育学"。 ④区分教育实验和心理实验，将教育实验分为假设、实验和应用三个阶段
美国的心理学研究	霍尔	①重视肌肉运动，遵循个体发展的特点对儿童进行自然教育。 ②在儿童研究中使用问卷法
	桑代克	①学习是刺激与反应之间的联结，通过研究使教育心理学成为一门学科。 ②提出尝试错误的学习理论和学习的三个定律(准备律、效果律和练习律)。 ③提出学习迁移的"相同元素说"，对摧毁官能心理学和形式训练说起了巨大作用
智力测验	比纳	①首创智力测验方法，1905 年与西蒙出版第一份《比纳－西蒙智力量表》，1908 年发表第二份"年龄量表"。 ②重视个性差异研究，要求以个性心理为基础建立新教育
	桑代克	提出学习成绩测定公式，不单单根据各科分数判断成绩优劣
	特曼	1906 年制定《斯坦福－比纳量表》，将西蒙的量表延长至成人水平

考点四、凯兴斯泰纳及其"公民教育"与"劳作学校"理论

1. 生平

凯兴斯泰纳(1854～1932)是德国教育家，19 世纪后期开始在欧美流行的劳作教育思潮的主要代表人物和推动者。主要教育著作有《公民教育要义》《劳作学校要义》《德国青年的公民教育》《性格与性格教育》等。

2. "公民教育"与"劳作学校"理论

表 17－8　"公民教育"与"劳作学校"理论

要点	具体内容
公民教育理论	①国家职能是公民教育理论的政治基础。 ②国家职能的实现需要给予每个公民最广泛的教育。 ③国家公立学校的目的是培养对国家有用的公民。 ④所有阶级都需要公民教育
劳作学校理论	①将"书本学校"改为"劳作学校"。 ②公民教育、职业教育和劳作学校的关系是目的、手段和机构的关系。 ③"劳作"是身心并用的活动，富有教育意义。 ④基本任务是为将来的职业做准备。 ⑤将职业陶冶与性格陶冶相结合

考点五、对19世纪末至20世纪初的欧美教育思潮的评价

表17－9　对19世纪末至20世纪初的欧美教育思潮的评价

要点	主要内容
共同点	①重视儿童自身在教育过程中的主体地位。 ②重视儿童研究和教育调查。 ③重视儿童的创造性活动、社会合作活动和劳动在儿童身心发展中的作用
局限性	①在儿童研究中有着严重的生物化倾向。 ②过高地估计了儿童自由、个性和创造性的意义。 ③片面强调实用、适应，忽视基本知识的传授和一般智力的发展，教育质量降低

17.2　典型题(含考研真题)详解

一、单项选择题

1．19世纪末20世纪初欧洲新教育运动开启的标志是(　　)。[统考2020年研]

A．法国教育家德莫林开办罗歇斯学校

B．英国教育家雷迪创办阿博茨霍尔姆学校

C．德国教育家利茨创办德国第一所乡村教育之家

D．瑞士教育家费里耶尔在日内瓦组建国际新学校局

【答案】B

【解析】1889年，英国教育家雷迪在英格兰的德比郡创办阿博茨霍尔姆乡村寄宿学校，标志着新教育运动的开始。

2．20世纪20年代，舒新成将美国一种个别教学制度引入中国，率先在上海吴淞公中学部试验，以自由、合作与时间预算为原则，培养学生自主学习的能力，这种教学制度是(　　)。[统考2019年研]

A．道尔顿制　　B．设计教学法　　C．文纳特卡制　　D．葛雷制

【答案】A

【解析】道尔顿制是一种个别教学制度，核心原则是自由与合作。20世纪20年代，道尔顿制在许多国家如英国、苏联流行一时，产生过较大影响。帕克赫斯特还亲自于1924年和1925年分别到日本和中国介绍其方法。在中国，这种方法由舒新城率先采用使用。

二、名词解释

1．设计教学法[华南师范大学2014研]

答：设计教学法是由美国教育家克伯屈提出的一种基于学生自主学习的方法，他将“设计教学法”定义为在社会环境中进行有目的的活动，重视教学活动的社会的和道德的因素。有目的的活动是设计教学法的核心，儿童自动的、自发的有目的学习是设计教学法的本质。设计教学法的内容包括：放弃固定的课程体制，取消分科教学，取消现有的教科书，把学生有目的的活动作为所设计的学习单元。设计教学法有四个步骤，即决定目的、制订计划、

实施计划和评判结果。设计教学法充分发挥了儿童的主动性和积极性，使儿童成为了学习的主人，加强了教学与儿童实际生活的联系。但由于强调根据儿童的经验组织教学，设计教学法实施的结果也必然导致系统知识学习的削弱。

2. 道尔顿制［华中师范大学 2016 研；华东师范大学 2013 研；武汉大学 2012 研；北京师范大学 2011 研；西南大学 2011 研；南京师范大学 2011 研；华中师范大学 2010 研；北京邮电大学 2006 研；华中科技大学 2005 研；南京大学 2004 研］

答：道尔顿制是美国进步主义教育家帕克赫斯特针对班级授课制的弊端创造的一种个别教学制度。其具体做法是：①在学校里废除课堂教学，废除课程表和年级制，代之以“公约”或合同式的学习；②将各教室改为各科作业室或实验室，按学科的性质陈列参考用书和实验仪器，供学生学习之用，各作业室配有一名教师负责指导学生；③用“表格法”来了解学生的学习进度，既可增强学生学习的动力，亦可使学生管理简单化。道尔顿制的三个重要原则是自由、合作与个性，强调给儿童以自由、师生合作、照顾个别差异及独立工作能力的培养，但实行中易形成放任自流。

3. 新学校运动［河南师范大学 2010 研；华东师范大学 2004 研］

答：新学校运动是 19 世纪末 20 世纪初欧洲兴起的教育革新运动，亦称新教育运动，以反对传统教育、提倡发展儿童自由个性与活动能力为特征。新教育运动开始于英国，以后扩展到欧洲其他国家。初期代表人物有英国教育家雷迪、德国教育家利茨和法国教育家德莫林等人。进入 20 世纪，新教育的著名代表人物有爱伦凯、德可乐利等人。运动初期以建立不同于传统学校的新学校作为新教育的实验室为其特征。第一次世界大战以后，在教育实践不断推广的基础上，新教育理论进一步发展。第二次世界大战以后，新学校运动逐步走向衰落。新学校为现代教育的改革提供了新的模式。新学校运动中形成的思想和开展的实践，构成 20 世纪西方教育发展的重要起点。

三、论述题

比较德可乐利教学法、葛雷制、道尔顿制、文纳特卡制和设计教学法的异同。

答：19 世纪末至 20 世纪前期，在欧美出现了一系列教育革新运动，在此期间建立了一系列有别于传统教育的教学方法。其中包括德可乐利教学法、葛雷制、道尔顿制、文纳特卡制和设计教学法，这些教学法之间有着相同的地方，也有很多差异。

（1）教学法的共同点

①都强调教育要符合儿童的身心发展特点，顺应儿童的发展需要。这有别于传统教育，使得教育的发展不再以书本为中心，打破传统教育以教师为中心的做法。

②都强调以儿童的活动为中心。着重从活动中获得直接的经验，这样有利于儿童的身心成长，适应自身发展的需要。教学法打破了以往传统教育中以课本为中心的做法，抛弃系统的课本知识，不注重间接经验的获得，强调儿童直接从活动中去获得经验，并加以改造，转化为自身的经验。

③都以具体的实践活动为教学内容。从活动中去获得直接经验，着重强调学生的亲身参与，把自身的经验和教学中获得的直接经验相结合，加以改造利用，纳入自己的知识体

系中。反对传统的课堂教学，注重灵活的教学体制和形式，破除固定的班级授课制的形式，使教学发挥到最大效用。

(2)教学法的不同点

①德可乐利教学法

德可乐利教学法主张取消分科教学，以儿童对食宿、保护、防御和活动的四种兴趣为中心安排综合课程和教学体系；儿童对社会与自然环境的认识是由兴趣引发感觉经验，再靠联想过程构成和发展观念，最后是实验与解释；学校不是学生听讲的课堂，而是学生的工作场地和实验室；在教学中培养儿童互助合作、自觉遵守纪律和为团体服务的品质；课桌不是前后排列，而是布置成马蹄铁的形状；学生的学习成绩不用分数单形式报告家长，而是写成综合报告，分析儿童身体、体育、游戏、智力、观察能力、表达能力等各方面的发展情况。

②葛雷制

葛雷制，又称“双校制”“二部制”或“分团学制”，是指以具有社会性质的作业为学校的课程。学校教学中采用二重制，将全校学生一分为二，一部分在教室上课，另一部分则在体育场、图书馆、工厂、商店以及其他场所活动。沃特的葛雷制曾被认为是美国进步教育思想的最卓越的例子，成为进步学校流行最广的一种形式。

③道尔顿制

道尔顿制是美国教育家帕克赫斯特实施的一项名为“道尔顿实验室计划”的教育革新计划。道尔顿制是一种个别教学制度，曾经在许多国家流行，它存在的主要问题是过于强调个体差别，对教师要求过高，以及在实施时易导致放任自流，此外，将教室完全改为实验室也不太实际。

④文纳特卡计划

文纳特卡计划，又称“文纳特卡制”，是美国教育家华虚朋在1919～1945年任伊利诺伊州文纳特卡教育官员期间所开展的教育实验。具体做法是将课程分为两个部分：共同知识或技能和创造性的、社会性的作业。知识或技能主要按学科进行，以学生自学为主，教师进行个别辅导，以考试来检验学习结果。作业则以小组为单位展开活动或施教，不进行考试。

⑤设计教学法

设计教学法是美国教育家克伯屈系统归纳和阐述的一种教学法，主要特点是打破学科体系，把学生有目的的活动作为设计的学习单元。克伯屈认为，有目的的活动是设计教学法的核心，儿童自动的、自发的、有目的学习是设计教学法的本质。克伯屈主张放弃原有的课程体制，取消分科教学，取消教科书，把学生有目的的活动作为设计的学习单元。他把设计教学法确定为四个步骤：决定目的、制定计划、实施计划和评判结果。

第 18 章　蒙台梭利的教育实践与教育思想

18.1　复习笔记

【知识框架(庖丁解牛)】

蒙台梭利的教育实践与教育思想
- 生平与教育活动
  - 生平
  - 教育活动
- 论幼儿的发展
- 论自由、纪律与工作
- 幼儿教育的内容
- 争议与批评
- 蒙台梭利与福禄培尔思想的异同

【考点归纳(游刃有余)】

考点一、生平与教育活动

1. 生平

蒙台梭利(1870～1952)是 20 世纪杰出的幼儿教育家。代表作有《蒙台梭利方法》《教育人类学》《蒙台梭利手册》《童年的秘密》《新世界的教育》等。

2. 教育活动

表 18－1　教育活动

时间	具体活动
1898 年	在都灵参加教育学讨论会，阐述自己对低能儿童教育的看法
1901 年	投身正常儿童教育领域，研究幼儿教育
1907 年	在罗马贫民区创办“儿童之家”
1909 年	撰写《适用于“儿童之家”的幼儿教育的科学方法》
1919 年以后	在许多国家开设国际训练课程班

考点二、论幼儿的发展

表 18－2　论幼儿的发展

要点	具体内容
影响因素	儿童的生长是其内在生命力的显现，强调遗传的作用，推崇内发论

续表

要点	具体内容
特点	①独特的心理胚胎期。 ②心理具有吸收力。 ③发展具有敏感期。 ④发展具有阶段性

考点三、论自由、纪律与工作

表 18－3　论自由、纪律与工作

要点	具体内容
教育的目的	①生物目的：帮助个人自然发展。 ②社会目的：帮助个人适应和利用环境
教育的基本原则	给学生自由，使儿童按照个人的本性来表现自我
教育的方法	在自由活动的基础上强调纪律，自由活动指手脑结合、身心协调的作业(即工作)

考点四、幼儿教育的内容

表 18－4　幼儿教育的内容

要点	具体内容
感官教育	①对感官教育和智力培养特别重视，是一大特色。 ②针对人的各种感官设计了独创性的教具。 ③自我教育和循序渐进是重要原则
读写算练习	①3～6 岁的儿童能学习文化知识，应准备适当的教材、提供正确的学习途径。 ②识字法分为执笔、掌握字母和练习组词三个阶段，再由文字书写转入阅读。 ③通过感官教具进行阅读教学和算术教学。 ④6 岁以前的幼儿已经处在学习的敏感期
实际生活练习	又称“肌肉教育”“动作教育”，包括日常生活技能练习、园艺活动、手工作业、体操和节奏动作五项内容

考点五、争议与批评

蒙台梭利要求手脑结合、身心和谐的幼儿活动的指导思想是可贵的，但她的一些观点也遭到了批评：

(1)她将现实的活动同想象的活动对立，反对儿童游戏，主张从自我服务和家务劳动等真实活动中获得目的性、责任感和其他社会性的品质。

(2)她认为绘画与音乐教育以感官教育为基础，绘画培养的只是精细的观察能力和良好的手控能力，其音乐教育不强调对音乐的美感和情操的培养。

(3)她出于对自由活动原则的坚持，反对向幼儿讲述神话故事。

考点六、蒙台梭利与福禄培尔思想的异同

西方教育史上齐名的两大幼儿教育家蒙台梭利和福禄培尔的教育理论既有不少相同或

相似点，也存在许多差异。

表 18－5　蒙台梭利与福禄培尔思想的异同

<table>
<tr><th>要点</th><th colspan="2">具体内容</th></tr>
<tr><td>相同点</td><td colspan="2">①反对外铄论，受卢梭影响，反对束缚和压迫儿童的身心。
②赞同内发论，以儿童为本位，遵循自然，强调自由。
③重视幼儿期的教育，主张建立幼儿教育机构，培训幼师</td></tr>
<tr><td rowspan="3">不同点</td><td>教育内容与方法</td><td>①福禄培尔倡导“游戏”“恩物”和作业，认为游戏是幼儿自我表现的最高形式。
②蒙台梭利主张“工作”、自我教育、感官教育、实际生活练习等，认为工作是幼儿特有的有价值的活动</td></tr>
<tr><td>教学组织形式</td><td>①福禄培尔要求组织集体教学。
②蒙台梭利主张个别活动，单独学习</td></tr>
<tr><td>教师的作用</td><td>①福禄培尔主张将教师视为园丁，需要关心、指导、教育幼儿。
②在蒙台梭利的“儿童之家”中，教师被称为指导者，只是承担指导、引导及环境保护、看护的责任</td></tr>
</table>

18.2　典型题(含考研真题)详解

一、名词解释

“幼儿之家”[华东师范大学 2004 研]

答：“幼儿之家”是意大利教育家蒙台梭利创办的幼儿教育机构，1907 年在罗马圣罗伦佐建立。这一机构招收 3～6 岁贫苦儿童，不收一切费用，但有一些基本的规定，包括：①幼儿入校出校，均按一定时间，不到时间，不许家长接送；②家长要尊重教养员的指导，密切配合，使幼儿不致因离开“幼儿之家”而沾染恶习；③每个周末，母亲必须把幼儿在家的行动报告校方，并照着教养员的指示去照料孩子。“幼儿之家”主要进行运动、生活、感官等方面的训练，尤其重视感官训练，蒙台梭利将教育低能儿和残疾儿童的教育方法运用于此。“幼儿之家”取得了显著的成效：由开始的一所扩展到四所；幼儿们在礼貌、感知觉、读写算以及语言等方面也有了较大发展。1934 年被政府关闭，1947 年恢复。

二、简答题

蒙台梭利的儿童发展观与教育思想的主要特点是什么？体现出新教育的哪些重要特色？

答：(1)蒙台梭利的儿童发展观的主要特点

①重视早期教育。

②认为儿童心理的发展具有节律性、阶段性、规律性。

③强调生命力的冲动是儿童心理发展的原动力，同时又强调儿童心理的正常发展必须依靠环境和教育的及时、合理安排。

这些都体现出当时席卷欧美的新教育思潮的特色，也是 100 多年前卢梭所开创的新的儿童教育事业的继续。

(2)体现新教育的特色

蒙台梭利作为新教育的代表人物，所主张的儿童教育发展观，体现了新教育的要求和理论特色，在以儿童教育为中心的基础上培养儿童的观察能力、审美能力和独创精神。重视儿童兴趣和思维能力的发展，道德上灌输资产阶级民主、协作的观念，从而培养儿童的责任心和进取心。具体表现为：

①增进儿童的内在精神力量。

②尊重儿童个性发展。

③儿童的天赋自由施展。

④鼓励儿童自制。

⑤培养儿童为社会服务的合作精神。

⑥发展男女儿童教育的节奏。

⑦要求儿童尊重他人也保持个人主义。

三、论述题

1. 试论蒙台梭利幼儿教育思想及其对当今学前教育的启迪。[华东师范大学2003研]

答：蒙台梭利是20世纪杰出的幼儿教育家，也是西方教育史上和福禄培尔齐名的两大幼儿教育家之一。她丰富的幼儿教育思想，给当今学前教育以重要的启迪。

(1)蒙台梭利幼儿教育思想的主要内容

①关于幼儿发展的思想。受卢梭等思想家的影响，蒙台梭利指出儿童不仅具有肌体，还具有一种内在的生命力。她认为儿童的生命就是根据遗传确定的生物学的规律发展起来的。她强调环境在生命的现象中是第二位的因素，它能改变，但从来不能创造；但同时长期的教育经验又使她坚信，环境对人的智力、心理的发展是举足轻重的，绝不可忽视。

蒙台梭利认为儿童心理发展有四个存在着内在联系的显著特点，即具有独特的心理胚胎期、心理具有吸引力、发展具有敏感期和发展具有阶段性。在儿童发展的阶段性方面，她指出儿童发展分三个阶段。第一阶段从0岁至6岁，是儿童个性形成的最重要的时期；第二阶段是从6岁至12岁，是儿童增长学识和艺术才能，有意识学习的时期；第三阶段是从12岁至18岁，儿童发展进入青春期。

②关于教育的环境及自由、纪律与工作之间关系的思想。蒙台梭利指出，对于新生婴儿而言，最好的环境就是父母本身；对于3岁以后的儿童，应为他们提供一个能激发其活动动机的有准备的环境。有准备的环境是指一个符合儿童需要的真实环境，是一个供给儿童身心发展所需要活动、练习的环境，是一个充满自由、爱、营养、快乐与便利的环境。

蒙台梭利提出，真正科学的教育学的基本原则是给学生以自由，即允许儿童按其本性个别地、自发地表现。同时她也十分重视纪律的培养。她强调真正的纪律对于儿童来说必须是主动的，只能建立在自由活动的基础上。纪律赖以建立的自由活动是指一种手脑结合、身心协调的作业。她把这种活动或作业称作"工作"。

③关于幼儿教育内容的思想。蒙台梭利幼儿教育的内容主要包括感官教育、读写算的练习以及实际生活练习三方面的内容。

重视幼儿的感官训练和智力培养，是儿童之家的重要特色，也是蒙台梭利方法的一大特点。她的感官教育主要包括视觉、听觉、嗅觉、味觉及触觉的训练，其中以触觉练习为主。在实施感官教育时，她非常强调循序渐进的原则。她指出在感官训练上可采用分解的办法，把复杂的整体分解为简易的几部分进行练习。

蒙台梭利认为，3 至 6 岁的儿童已具备学习文化知识的能力，教育者应当利用这种能力，为儿童准备适当的教材教具，并提供正确的学习途径。她把书写的练习先于阅读的练习，力图通过触觉的训练循序渐进地过渡到书写练习。儿童掌握了文字书写的技能之后，再转入阅读学习。阅读教学和算术教学也都遵循由简单到复杂的程序，有时可采用生活中的实例，但主要的途径仍然是各种感官教具。

实际生活的练习主要包括五个方面的内容：日常生活技能的练习，促进儿童发展，有助于儿童独立性的形成；园艺活动，促使儿童脱离人为生活的束缚，发展儿童的智力和预见性；手工作业，主要指绘画和泥工，既练习了手的动作，又为儿童提供了自我表现的途径；体操，帮助儿童肌体正常发展；节奏动作，促进儿童动作的协调，发展节奏感。

(2)蒙台梭利幼儿教育思想对当今学前教育的启迪

蒙台梭利的幼儿教育思想中有许多独具匠心之处，她要求手脑结合、身心和谐的幼儿活动的指导思想是十分可贵的。她的幼儿教育思想对当今学前教育的启迪主要体现在以下几个方面：

①蒙台梭利反对传统教育对儿童身心的束缚和压迫，反对外烁论；信奉性善，赞同内发论，主张以儿童为本位；要求认真研究儿童的特点，遵循自然，强调教育中的自由和活动的重要性。她指出，儿童不仅具有肌体，还具有一种内在的生命力。她指出儿童的生长，是由于内在的生命潜力的发展，使生命力显现出来，儿童的生命就是根据遗传确定的生物学的规律发展起来的。这些思想为后世提供了宝贵的借鉴意义。

②蒙台梭利极其重视幼儿期尤其是 3 至 6 岁幼儿期的教育，重视童年生活对人生的影响。她倡导建立专门的幼儿教育机构及培训大批合格教师来从事幼儿教育工作。蒙台梭利积极开办“儿童之家”，招收 3 至 6 岁的儿童入学接受教育。她指出对于 3 岁以后的儿童，必须为他们提供一个能激发其活动动机的有准备的环境，即符合儿童需要的真实环境，充满自由、爱、营养、快乐与便利的环境。这为当今幼儿园的兴办与发展，提供了榜样和经验。

③蒙台梭利改变了传统教育中对教师的认识和教师的地位作用。在蒙台梭利的儿童之家中，教师由主动转向被动，被称为“指导者”，只是承担指导、引导及环境保护、看护的责任。这充分体现了尊重儿童发展天性的重要思想，给后世学前教育以重大的启发。

2. 试对福禄培尔与蒙台梭利的幼儿教育理论做一下比较。

答：福禄培尔是德国著名的教育家，幼儿园的创立者，近代学前教育理论的奠基人，被誉为“幼儿教育之父”。蒙台梭利是 20 世纪杰出的幼儿教育家，也是西方教育史上与福禄培尔齐名的两大幼儿教育家之一，她以自己的辛勤劳动和不懈努力，推动了新教育运动及儿童教育的发展。二者的幼儿教育理论既有相似的地方，又有不同之处。

(1)二者幼儿教育理论的相似之处

①都强调对儿童天性的尊重。福禄培尔和蒙台梭利都接受了卢梭的影响，反对传统教育对儿童身心的束缚和压迫，反对外因论；信奉性善，赞同内发论，主张儿童为本位；要

求认真研究儿童的特点，遵循自然，强调教育中自由及活动的重要性。

福禄培尔认为，既然神性是人性的本质或根源，人性肯定是善的。因此，按上帝精神的作用和从人的完美性和本来的健全性来看，教育、教学和训练的最初的基本标志必然是容忍的、顺应的，不仅仅是保护性的、防御性的。他指出专断的、指示性的、绝对的和干预性的训练、教育和教学会使存在于人身上的上帝的精神即自由与自决丧失掉，而自由与自决正是全部教育和全部生活的目的与追求。

蒙台梭利指出，儿童不仅具有肌体，还具有一种内在的生命力。她指出儿童的生长，是由于内在的生命潜力的发展，使生命力显现出来，儿童的生命就是根据遗传确定的生物学的规律发展起来的。她指出当时教育的错误在于，没有意识到生命有自己的发展规律，儿童具有一个积极的精神生命，因而有意无意地压制儿童发展。

②都非常重视幼儿期的教育。福禄培尔和蒙台梭利都极其重视幼儿期尤其是 3 至 6 岁儿童的教育，重视童年生活对人生的影响。倡导建立专门的幼儿社会教育机构及培训大批合格教师来从事幼儿教育工作。

福禄培尔明确表示必须为 3 至 7 岁的儿童建立专门的教育机构，以便协助家庭更好地教育孩子。他把幼儿园教育作为家庭教育的“补充”而非“代替”，强调幼儿园是家庭生活的继续和扩展。他指出幼儿园工作的任务是为儿童下一阶段的发展做好准备，同时还应担负起训练幼儿园教师，推广幼儿教育经验的任务。

蒙台梭利积极开办“儿童之家”，招收 3 至 6 岁的儿童入学接受教育。她指出对于 3 岁以后的儿童，必须为他们提供一个能激发其活动动机的有准备的环境，即符合儿童需要的真实环境，充满自由、爱、营养、快乐与便利的环境。

(2)二者幼儿教育理论的不同之处

①教育内容和教育方法的不同。在教育内容、方法上，福禄培尔倡导“游戏”“恩物”“作业”(绘画、纸工、手工)，认为游戏是幼儿自我表现的最高形式，强调应通过游戏来发展幼儿的想象力和创造力。蒙台梭利则主张“工作”、自我教育、感官教育(包括读、写、算的练习)、实际生活练习等，认为“工作”是幼儿特有的有价值的活动，反对有想象活动的游戏及玩具，否定了创造性游戏在幼儿教育中的重要作用。

②教育组织形式的不同。在教学组织形式上，福禄培尔要求组织集体教学。福禄培尔深切感受到儿童之间社交关系的重要性，认为自我活动所导致的个性自我实现，必须经由“社会化”的历程才能达到。他曾主张应在团体的活动中接受教育。在幼儿园教育实践中，他把“社会参与”作为重要的幼儿教育方法，要求教育儿童使之充分适应小组生活，并重视家庭和邻里生活的复演。蒙台梭利则主张个别活动，单独学习。

③教师作用的不同。在教师作用问题上，在福禄培尔的幼儿园里，教师被视为“园丁”，须承担对幼儿的关心、指导乃至教学，如“恩物”的演示、说明的职责；在蒙台梭利的儿童之家中，教师由主动转向被动，被称为“指导者”，只是承担指导、引导及环境保护、看护的责任。

第19章　杜威的教育思想

19.1　复习笔记

【知识框架(庖丁解牛)】

- 杜威的教育思想
  - 时代背景与生平
    - 时代背景
    - 生平
  - 教育的本质
  - 教育的目的
  - 课程与教材
  - 思维与教学方法
  - 道德教育
  - 贡献和影响

【考点归纳(游刃有余)】

考点一、时代背景与生平

1. 时代背景

(1)19世纪末，美国完成工业化。财富增长的同时带来经济、政治、文化等诸多问题。

(2)美国的进步主义社会改革运动触及社会制度的弊端，但不能彻底解决问题。

2. 生平

杜威(1859～1952)是20世纪美国著名哲学家、教育学家和心理学家，实用主义教育思想的主要代表人物。教育学方面的主要著作有《我的教育信条》《学校与社会》《民主主义与教育》等，其中《民主主义与教育》最集中、最系统地表述了他的教育理论，被视为堪与《理想国》和《爱弥儿》相提并论的专著。

考点二、教育的本质

表19－1　教育的本质

要点	具体内容
教育即生活	①教育是生活的过程，学校是社会生活的形式。 ②理想的学校生活需要与儿童自己的生活相契合，与校外生活相契合
教育即生长	①针对教育无视儿童天性的时弊提出摒除压抑、阻碍儿童自由发展之物，使教育教学适应儿童心理发展水平。 ②生长是机体与外部环境、内在条件与外部条件交互作用的结果

续表

要点	具体内容
教育即经验的改造	①经验是机体与环境相互作用的过程，不再与理性对立。 ②经验的外延拓展，包含了多种因素，是儿童各方面发展的载体。 ③强调人在经验过程中的主动性，交互作用是重要原则

考点三、教育的目的

表 19－2　教育的目的

要点	具体内容
人的理想素质	①良好的公民素质。 ②掌握科学思维的方法。 ③良好的道德品质。 ④一定的职业素养
教育的目的	①反对外在的、固定的、终极的教育目的。 ②非民主的社会中，教育目的具有权威和专制色彩。 ③民主社会的教育目的是生长，内在于教育过程中

考点四、课程与教材

表 19－3　课程与教材

要点	具体内容
对传统课程的批判	杜威认为传统教育的课程和教材是间接经验，这些成年人的标准不适合儿童学习
杜威的教材观	主张从做和经验中学，用活动性、经验性的课程代替传统书本式教材
课程论的不足	①意在用直接经验理解系统知识，忽视了理解直接经验需要的系统知识条件。 ②不是所有的系统知识都可以还原成直接经验。 ③组织原则的贯彻有一定困难

考点五、思维与教学方法

表 19－4　思维与教学方法

要点	具体内容
反省思维的方法	①“从做中学”是在经验情境中思维的方法。 ②提倡反省思维，对问题反复不断地持续思考。 ③这种思维方法具有综合性，涉及观察、分析、综合、抽象等多种能力
思维方法的社会价值	①用以革除社会弊端，实现社会理想，这是杜威提出的根本原因。 ②实质是理智、求实的行为方式，体现强烈的求实精神，有利于减少社会问题。 ③将科学思维方法与民主主义联系起来，使科学、教育和民主合而为一
教学方法论的不足	①认为智慧重于知识，不符合智力发展以系统知识为基础的常理。 ②过度地设计问题的情境，将教育依赖于“解决问题”的过程

考点六、道德教育

表 19－5　道德教育

要点	具体内容
主要任务	协调人与社会的关系是道德教育的主要任务，杜威反对个人至上，也反对社会至上
途径与方法	在社会情境中进行，学习生活、教材和教法是道德教育的重要途径
主要内容	①道德教育的原理有社会方面和心理方面之分。 ②社会方面包括社会性的情境、社会性的内容和社会性的目的。 ③心理方面包括学生的本能冲动、道德认识和道德情感

考点七、贡献和影响

表 19－6　贡献和影响

要点	具体内容
贡献	①教育理论系统全面，论证精微，超出前人。 ②将教育的内在价值与工具价值相结合，过程本身充满乐趣且富有实效。 ③将现实主义和理想主义结合，以新现实和新理论为基础，宣告教育理论新时代的开始。 ④提出许多教育问题，某些观点对今天仍有启发意义
影响	①实用主义教育思想对美国和其他国家的学校教育产生重要影响。 ②其教育著作被译成多种语言文字，具有世界性的影响。 ③美国的课程、学制、教学方法等经过杜威介绍传入中国，我国陶行知吸收改造杜威的教育思想应用于本国的教育实践。杜威来华和其著作的译介促进新教育改革在中国的传播

19.2　典型题(含考研真题)详解

一、单项选择题

1. 杜威所谓教育的内在目的是指(　　)。[统考 2018 年研]

A. 教育过程中的目的　　B. 学校系统中的目的

C. 教育以人格发展为目的　　D. 教育以知识掌握为目的

【答案】A

【解析】美国教育家杜威提出教育内在目的论，又称教育无目的论。主张教育即生长，教育即生活，教育本身除生长以外没有其他目的。认为教育就是人的天赋本能的一种自发的、自然生长的过程，与植物生长一样，不是为了一定目的而生长。认为教育不仅要使个人能维持生活，还应尽其所能为社会服务，把儿童培养成为美国社会的合格公民。杜威不是说教育没有目的，而是教育没有外在目的，而是强调教育只有教育过程中的内在目的，促进人发展的内在目的。因此答案选 A。

2. 集中体现杜威教育目的的价值取向的观点是(　　)。[统考 2015 年研]

A. 儿童是教育的中心，教育的各种措施都要围绕儿童加以组织

B. 教育过程在它之外没有终结，它终结于它自身

C. 社会是教育的目的，儿童是教育的起点和手段

D. 教育的目的就是获得更多的生长

【答案】C

【解析】杜威是19世纪末、20世纪初美国现代派教育的典型代表，他以实用主义哲学观为指导，提出教育无目的论。主张教育即生长，教育即生活，教育本身除生长以外没有其他目的。认为教育就是人的天赋本能的一种自发的、自然生长的过程，与植物生长一样，不是为了一定目的而生长。反对家长和学校为儿童确定教育目的，认为强加给活动过程的目的是固定的、呆板的，不能在特定情境下激发智慧；它脱离生活实际，是遥远的，与用以达到目的的手段无关。需要注意的是，作为民主主义者的杜威并不否定教育对于民主社会的发展的影响。他认为教育不仅要使个人能维持生活，还应尽其所能为社会的民主制度服务，把儿童当做教育的起点，将他们培养成为美国社会的合格公民。

二、名词解释

杜威学校[华中师范大学2000研]

答：杜威学校是1861年1月美国哲学家、教育家杜威在芝加哥大学创办的一所实验学校，亦称“芝加哥大学实验学校”，杜威夫人任校长。学校以手工劳动的作业作为课程联结的中心环节，与各种作业平行的有三种理智活动：历史的或社会的研究、自然科学研究和思想交流。学校教学方法灵活多变，儿童在教育过程中始终处于中心地位，一起活动均自儿童的生活需要中引出，儿童的经验成为课程和教材的依据。学校在美国教育界的影响甚大，1904年杜威辞去在芝加哥大学的职务，实验学校活动亦告中止，未能延伸至中等教育阶段。

三、辨析题

杜威的“教育即生活”的含义是指教育必须在日常生活中进行。[统考2017年研]

答：该观点错误，理由如下：

杜威的“教育即生活”的含义包括：

(1)学校生活应与儿童自己的生活相契合，满足儿童的需要和兴趣，使校园成为儿童的乐园而不是囚笼和监牢，使儿童在现实的学校生活中得到乐趣。

(2)学校生活应与学校以外的社会生活相契合。适应现代社会变化的趋势并成为推动社会发展的重要力量，校园不应是世外桃源而应积极参与社会生活。杜威提倡使学校生活成为儿童生活和社会生活的契合点，从而使教育既合乎儿童需要也合乎社会需要，实质上是要改造不合时宜的学校教育和学校生活，使之更有活力，更有乐趣，更具实效，更有益于儿童发展和社会改造。

所以，杜威的“教育即生活”的含义并非指教育必须在日常生活中进行，题干表述错误。

四、简答题

简述杜威的教育目的论。[北京师范大学2016研]

答：杜威是美国实用主义的代表人物，倡导“儿童中心”的教育理念，主张教育即生活，提倡教育无目的论。

（1）生长作为教育的目的

①内容

杜威反对外在的、固定的、终极的教育目的，他所希求的是过程内的目的，认为教育的过程在它自身以外没有目的，它就是它自己的目的，这个目的就是“生长”。杜威认为在非民主的社会里，教育目的是外在于并强加于教育过程的，饱含权威与专制色彩；而在民主社会里，教育目的应内在于教育的过程之中。杜威主张以生长为教育的目的，其主要意图在于反对外在因素对儿童发展的压制，要求教育尊重儿童愿望和要求，使儿童从教育本身中、从生长过程中得到乐趣。

②评价

杜威这一观点的不足之处在于，教育目的应回答“教育应为一定的社会培养什么样的人”这样一个根本的问题，杜威的以生长作为教育的目的，是从儿童的生长过程本身来考查教育目的，没有反映出教育目的的本质属性和价值取向（培养何种类型的人），不能揭示出教育目的应揭示的东西，不能给人提供一个切实的、可以遵行的目的。

（2）教育的社会性目的

①内容

杜威从不讳言教育与生长的社会性目的。杜威的社会理想是民主主义，他要求教育为社会进步服务，为民主制度的完善服务。民主主义的特征就是社会成员各种能力的自由发展，个人发展与民主的社会目标是统一的，教育的目的就是通过培养理想的人来促进个人的发展，实现民主的社会目标。理想的人应该具有以下几方面的素质：

a. 具有良好的公民素质。

b. 掌握科学思维的方法。

c. 具有良好的道德品质。

d. 具有一定的职业素养。

②评价

杜威认为教育是民主的工具，是社会进步及社会改革的基本方法，学校是社会进步和改革的最基本和最有效的工具。理想的人的素质鲜明地体现了美国社会民主化、工业化对教育的客观要求，反映了杜威力图通过教育改革社会的一贯精神。

五、论述题

比较分析赫尔巴特和杜威的教育理论。

答：赫尔巴特和杜威均是西方教育思想的集大成者，赫尔巴特是传统教育理论的代表人物，杜威是现代教育理论的代表人物。二者教育理论既有统一性，也存在着对立，其表现如下：

（1）赫尔巴特和杜威在教育理论上的统一性

①他们对哲学、心理学和生理学的理解，是其教育理论和实践的重要前提。赫尔巴特的哲学思想受康德和费希特影响，其在《普通教育学》中培养学生“多方面兴趣”与其哲学认识论是密不可分的。而杜威的教育理论则是建立在他的实用主义哲学思想上的。

②赫尔巴特和杜威都十分关注教育的目的、道德教育、课程理论以及教学过程等教育

的基本问题，他们的教育理论都是建构在这些主要问题的基础上的。二者在哲学认识论、教育观等方面的不同导致他们在论述这些问题时的侧重点也有所不同，特别是在对教育目的认识上：

a. 赫尔巴特认为，教育的第一目的是要发展人多方面的兴趣，使人的各种能力得到和谐的发展；教育的最高目的是培养道德，养成内心自由、完善、仁慈、正义和公平五种道德观念，为普鲁士培养优秀的公民。

b. 杜威则认为，促进儿童的生长就是教育的目的，社会性的要求和儿童的需要并不总是相对抗的，因此，教育也是社会进步及改革的基本方法。杜威理论中理想的人应该具备良好的公民素质、掌握科学的思维方法、拥有良好的道德品质，具有一定的职业素养等。

虽然二者的论述和侧重点有所不同，但是他们都从个人发展和社会发展的角度来论述教育目的。

(2)赫尔巴特和杜威在教育理论上的对立点

①道德教育方面，赫尔巴特更重视个人的观念的培养，杜威则注重个体与社会的关系。

a. 赫尔巴特认为存在着五种道德观念的培养，即内在自由、完善，善意、法权和正义。观念是最根本的要素，人们用这些观念来调节个人意志和社会冲突，就能使自己成为服从既定法制的、有美德的人。

b. 杜威认为，道德教育的主要任务是处理好个人与社会的关系，要重视人的独立性、独创性和毅力。强调人与人之间的合作而非竞争等。在道德教育的途径和方法上，杜威认为，学校生活、教材、教法皆应渗透社会精神，道德教育应有社会性的情境、社会性的内容和社会性的目的，还要建立在学生本能冲动和道德认识、道德情感的基础上。

②在课程内容上，赫尔巴特提倡分科课程，而杜威强调活动课程。

a. 赫尔巴特提出了多方面兴趣的概念以及教学必须培植多方面兴趣的要求。他认为多方面兴趣是教学的主要依据。他把人的兴趣分为经验的、思辨的、审美的、同情的、社会的、宗教的六种，认为课程的设置要适应这多方面的兴趣。所以，他把所有的学科分为两大类：一类是“历史的”学科，包括历史、文学和语言文字等；另一类是“科学的”学科，即各种自然学科及数学等，提出了一个比较广泛的课程系统，是一种较为系统的分科课程理论。

b. 杜威要求“从做中学”“从经验中学”。要求以生活化和活动教学代替传统的课堂教学，以儿童的亲身经验代替书本传授。这种活动性的课程范围很广，包括园艺、烹饪、纺织、绘画、唱歌、讲故事、阅读等形式。他认为，这些活动既能满足儿童的心理需要，又能满足社会性的需要，还能使儿童对事物的认识具有统一性和完整性。总的来说，是一种综合各门学科的活动课程。同时，杜威还指出成年人的知识和技能对于未成年人的经验也是有指导价值的。问题的关键在于怎样使儿童最终获取较系统的知识，同时又能在学习过程中顾及儿童的心理水平。

③教学过程方面，赫尔巴特提出教学形式阶段理论，杜威强调五步教学法。

a. 赫尔巴特认为教学过程就是教师利用学生原有的旧观念，引起学生的兴趣与注意，从而获得新观念的过程，并提出了教学形式阶段的理论。他把人的一切心理活动都归结为观念的运动，认为教学过程可分为两个基本环节：“专心”和“审思”。由此就形成了教学的四个阶段：明了——给学生明确地讲授新知识；联想——把新知识跟旧知识联系起来；系统——做概括结论；方法——把所学知识用于实际。

b. 杜威认为，在教学方法上，师生应该共同活动、共同经验，书本降到次要的位置，活动和经验才是主要的；教学活动也不限于教室。他把思维的五步法直接运用到教学方法上：

第一，学生要有一个真实的经验的情境。

第二，在这个情境内部产生一个真实的问题。

第三，学生要占有知识资料，从事必要的观察。

第四，寻找解决这个问题的方法。

第五，在现实情境中解决问题。

④在教师和儿童的地位上，赫尔巴特强调教师主导，杜威强调儿童的兴趣。

a. 赫尔巴特在这方面重点论述的是纪律问题。他认为，纪律的本质就是约束儿童的意志，管理本身并不是教育，而是进行教育的必要条件。他提出了威吓、监督、命令，禁止和惩罚等管理的方法，对待学生采取严酷的态度，很少注意到儿童的创造性和主动性。

b. 杜威十分关注在教育中儿童兴趣的发挥和经验的形成。他认为，教育的目的就是促进儿童的生长，实质上是提倡一种新的儿童发展观和教育观。要求摒弃压抑、阻碍儿童自由发展的东西，强调经验是机体与环境相互作用的过程，强调个体在经验过程中的主动性，使一切教育和教学适合儿童的心理发展水平和兴趣、要求等。

(3)在教育史上，一般来说，把赫尔巴特作为传统教育的代表，而杜威则是现代教育的代表。两大派在教育理论上的分歧总的来说可以归结为“三个中心”的对立，即教师中心与儿童中心的对立、系统书本知识中心和个人直接经验中心的对立、课堂教学中心和活动中心的对立。这两个派别的争论已经持续了一个多世纪，虽然在不同时期和不同国家有着不同的具体内容，但是总的来说，这三个中心的“对立”揭示了教育教学发展过程中最为基本的相互联系的几个因素。无论是现代教育对于传统教育的批判，还是传统教育对现代教育的反驳，他们的争论都离不开“三个中心”的问题，而对对方的批判中也都击中了对方教育理论存在着的问题和弊端。

因此，从杜威和赫尔巴特的教育理论比较以及两大派的争论中，可以得到的启示是，在现代教育教学过程中，只有根据各国的实际国情、学校以及学生的实际情况，并考虑不同学科和课程自身的特点，灵活地选择课程和教学模式，才能真正地促进学生的发展，达到理想的教育目的。一刀切或是盲目地跟从某一种派别的做法，过分强调“三个中心”中的任何一个中心，都是不科学不客观的，不仅不利于学生的发展，也会违背教育的内在规律。

第 20 章　20 世纪前期英、法、德、美和日本教育的发展

20.1　复习笔记

【知识框架(庖丁解牛)】

- 20 世纪前期英、法、德、美和日本教育的发展
  - 英国教育的发展
    - 教育行政管理体制的变化
    - 公共教育制度的发展与完善
  - 法国教育的发展
  - 德国教育的发展
  - 美国教育的发展
    - 中等教育的改革与发展
    - 初级学院运动
    - 职业技术教育的发展
  - 日本教育的发展
    - 20 世纪初期至 20 年代末的教育改革与发展
    - 军国主义教育体制的形成与变化
    - 战时各级教育的调整与变化

【考点归纳(游刃有余)】

考点一、英国教育的发展

20 世纪前期，英国教育形成了中央教育行政管理和地方教育行政管理相结合、以地方为主的教育管理体制，也基本上建立了初等、中等和继续教育相互衔接的学校制度，为英国现代教育的进一步发展提供了基础。

1. 教育行政管理体制的变化

表 20－1　教育行政管理体制的变化

要点	具体内容
教育委员会	1899 年成立，是中央一级的教育管理机构，为英国初等和中等教育制度的统一管理奠定基础
《巴尔福教育法》	1902 年颁布，保障了初等教育的发展，形成以地方教育当局为主的教育行政体制

2. 公共教育制度的发展与完善

表 20－2　公共教育制度的发展与完善

要点	具体内容
初等义务教育	①《1870 年初等教育法》的颁布使初等教育得到较快发展，但存在与中等教育不衔接、地区中学发展缓慢等问题。 ②1918 年国会通过《费舍教育法》，有助于提高国民素质、完善公共教育制度
中等教育	①《巴尔福教育法》的颁布使中等教育得到发展，但没有解决“双轨制”问题。 ②1907 年自由党颁布《中等学校管理条例》，仍未妥善解决教育衔接问题。 ③一战后，工党提出“人人有权受中等教育”的口号。 ④1924 年调查委员会提出有关青少年教育的《哈多报告》，第一次从国家角度阐明了初等教育和中等教育的衔接问题。 ⑤1938 年政府提出以改革中等教育为中心的《斯宾斯报告》，技术中学成为中等教育的重要组成部分。 ⑥1944 年政府通过《1944 年教育法》，结束了二战前英国教育发展不平衡的情况，形成初等教育、中等教育和继续教育相互衔接的公共教育制度

考点二、法国教育的发展

第一次世界以后，为适应社会变革和教育现代化、民主化的要求，法国开始了对教育领导体制和学校教育制度等诸多方面的改革。

表 20－3　法国教育的发展

要点	具体内容	
国家的管控	管理制度	沿袭拿破仑时期的大学区制度，但大学区的数量有所减少
	管理机构	设立公共教学部，负责安排全国的学制、课程设置、考试等
	管理途径	通过免费义务教育和教育世俗化加强对教育的控制
“统一学校运动”与学制改革	背景	“双轨制”问题悬而未决，即面向劳动人民子女的初等教育与面向资产阶级子女的中等教育互不衔接
	目的	试图衔接初等教育与中等教育
	内容	①“新大学同志会”主张“统一的教育”，使初等、中等教育衔接，高等教育对所有中学毕业生开放。 ②政府在初等教育阶段统一学校制度，提出三类中学和“方向指导班”思想，但改革因二战被迫中止
	影响	引发的学制改革冲击了“双轨制”教育，使劳动人民子女接受中等教育的比例增大，推动了法国教育民主化
中学课程改革	改革之前	19 世纪末，中学的课程体系是古典与现代并行，以古典课程为主
	两次改革	①1902 年，教育部门的改革重视古典课程与现代课程的互补，确立了课程改革新模式。 ②1923 年，教育部长雷昂·贝哈赫让古典学科重新占据中等教育的主导，加重了古典主义教育的色彩

续表

要点	具体内容	
职业技术教育	教育方案	1919年议会通过《阿斯蒂埃法》，涉及国家对职业技术教育的管理、设置职业学校、青年免费接受职业教育的义务、职业教育的内容等多方面内容
	颁布意义	职业技术教育被国家管理，有"技术教育宪章"之称

考点三、德国教育的发展

表 20－4 德国教育的发展

历史时期	主要内容	
德意志帝国时期	1871以后	三轨制下形成国民学校、中间学校和文科中学，等级性和阶级性明显
	19世纪末	在新人文主义的影响下改革中等教育，减少古典语言的分量，出现实科中学和文实中学这两类学术性中学
	20世纪后	改革各类教育，宣布文科中学、实科中学和文实中学的地位相同，进行课程调整，但仍重视文科中学
魏玛共和国时期	指导思想	《魏玛宪法》规定教育权由各州所有，国家负责监督。废除等级性的"双轨制"，顺应德国民主化要求
	基本任务	培养民族意识和集体精神、增强劳动观念、培养学生的容忍精神等
	改革措施	①初等教育方面，实施四年制统一学校制度，废除"双轨制"。 ②中等教育方面，取消中学预备学校，增加德意志学校和上层建筑学校。 ③青少年福利方面，制定《青少年福利法》，规定政府义务。 ④教师培养方面，改变小学师资培养模式，由高等教育的师范学院负责。 ⑤高等教育方面，在坚持自治原则以及教学科研相结合的原则之外面向大众，加强民众高校的建设
纳粹德国时期	教育方针	纳粹思想下严酷的教育学，鼓吹国家主义和民族主义
	教育机构	设立国家科学、教育和国民教育部，加强对教育的控制
	教育目的	培养学生的民族信念、为民族奋勇献身，培养"国家社会主义者"
	教育影响	①初等教育、中等教育和高等教育服务于德国政治和民族，重视德意志思想的渗透，在教育领域强化民族沙文主义思想。 ②纳粹政府的统治使各级学校教育出现全面倒退的趋势

考点四、美国教育的发展

20世纪前期，美国创立了具有自己特色的地方管理教育制度和公立学校教育制度，进步主义的教育理论成为美国教育发展的主要指导思想，并促进了美国教育向实用化、多元化和注重个人需要方向发展。

1. 中等教育的改革与发展

继初等教育在19世纪后期得到较快发展之后，中等教育改革成为美国学校教育改革的主要内容。

(1)进步主义教育的"八年研究"实验

表 20－5　进步主义教育的“八年研究”实验

要点	具体内容
起因与含义	①进步主义教育在广泛影响小学和初中之后开始关注高中的一系列问题。 ②“大学与中学关系委员会”制定为期八年(1933～1941)的高中教育改革实验研究计划
实验特点	①参与实验学校的面广，有代表性。 ②实验研究以进步主义教育思想为指导。 ③实验学校有极大的自主性
实验内容	①教育目的的拓展。 ②民主的教育管理方式。 ③课程方法的自由选择和安排、综合课程的设立。 ④学业的评价
实验结论	①参加实验的中学毕业生整体上比对照组(没有参加实验的学生)的学习稍胜一筹。 ②改革力度大的中学，效果更显著

(2)中等教育改革的内容

表 20－6　中等教育改革的内容

要点	具体内容
中学课程的变革	①针对课程问题和与大学衔接问题，“十人委员会”于 1893 年提出课程计划的报告。 ②针对入学条件问题，“十三人委员会”于 1899 年提出相关报告
中学职能的转变	①20 世纪后，中学原有的教育模式遭到批评，改组中等教育的呼声渐渐强烈。 ②1913 年成立“中等教育改组委员会”，1918 年提出《中等教育的基本原则》报告，明确中等教育的七个目标，肯定六三三学制和中等教育的地位。 ③20 世纪 30 年代，在进步主义教育思想的影响下，教育工作者开展广泛的教育实验。 ④20 世纪 40 年代，中等教育强调学生的公民责任感和职业教育训练，谋求个人与社会协调发展

2. 初级学院运动

表 20－7　初级学院运动

要点	具体内容
形成背景	中学生毕业压力大，四年制大学学习年限长、费用高，促使改革高等教育的结构和教学目标的设想出现
学院的特点	①招收高中毕业生，传授稍广一些的普通教育和职业教育知识。 ②由地方社区以及私人团体和教会开办，不收费或收费较低。 ③降低入学门槛，没有入学考试和年龄要求，可以走读。 ④课程设置多样，办学形式灵活，毕业后既可就业也可继续求学
评价	适应了美国经济、政治和文化需要，是高等教育体系的重要层次

3. 职业技术教育的发展

(1)全国职业教育促进会

1906 年，美国成立了“全国职业教育促进会”，其主要目的是推动制定一个能对全国的职业教育提供财政补助的法律。立法过程中的争论促使美国的职业教育得到了一定的发展。

(2)《史密斯－休斯法》

1917 年，美国国会通过了由史密斯和休斯联合提出的职业教育提案，史称《史密斯－休斯法》。规定了联邦政府对职业教育的支持范围，将职业课程纳入公立学校。

(3)影响

法案的颁布使美国的普通教育开始由传统的单一的升学目标转向升学和就业的双重目标，普通教育与现实的联系被加强，普通教育的实用因素增加，促使美国形成了从中央到地方的职业教育体系。

考点五、日本教育的发展

1. 20 世纪初期至 20 年代末的教育改革与发展

表 20－8 20 世纪初期至 20 年代末的教育改革与发展

要点	具体内容
改革背景	天皇在 1890 年颁布《教育敕语》，各级教育开始强调民族主义，国家加强对教育的控制
初等教育	颁布《再改正小学校令》加强控制，确立六年制义务教育体制，20 世纪初期完成普及
中等教育	大力发展高中，重视初等教育和中等教育的衔接，女子教育、师范和职业教育也被发展
高等教育	1918 年颁布《大学令》，采用学部制建立综合性大学，单科大学和私立大学也发展起来
影响	通过对各级各类教育结构和课程的改革形成相对完整的教育体系，有利于教育的进一步发展

2. 军国主义教育体制的形成与变化

表 20－9 军国主义教育体制的形成与变化

要点	具体内容
形成原因	①裕仁天皇继位后更加重视道德教育和民族主义精神的教育，大肆鼓吹军国主义思想。 ②国内的民族沙文主义转向军国主义，为侵略战争做准备。 ③日本的教育也开始军国主义化、法西斯化，成为日本战争机器的工具
体制特征	强调学校教育的一切环节应体现帝国的团体观念和军国主义思想
主要表现	①对师生民主进步运动的控制与镇压。 ②军国主义思想的灌输。 ③军事训练学校化和社会化

3. 战时各级教育的调整与变化

表 20－10 战时各级教育的调整与变化

要点	具体内容
初等教育	颁布《国民学校令》，规定教育目的，重视军国主义和法西斯主义教育
中等教育	通过中学、高等女子学校和实业学校这三类中等学校培养中坚有为的国民
师范教育	修改《师范学校令》，贯彻军国主义思想，以培养合格国民
高等教育	学校各项工作的基础是灌输和宣传军国主义国家意识，大学的任务是培养军国主义分子，增设工科、军事科目

这一时期日本对各级学校体制提出的改革要求由于战争的进行实际上并没有真正实行。直到日本军国主义政府宣布投降以后，日本教育才得以复苏和重建。

20.2　典型题(含考研真题)详解

一、单项选择题

1. 20 世纪美国进步主义教育运动时期，明确提出以自由与合作为基本实施方式的学习的个别教学制度是(　　)。[统考 2017 年研]

A. 葛雷制　　B. 昆西制　　C. 道尔顿制　　D. 文纳特卡制

【答案】C

【解析】道尔顿制，又称“契约式教育”，是一种个别教学制度。由美国教育家帕克赫斯特于 1920 年在马萨诸塞州道尔顿中学所创行。道尔顿制主要有三个特点：①自由。②合作。③计划。

2. 日本明治维新时期在创办新式大学的过程中十分注重借鉴国外经验，其学习与借鉴的主要国家对象是(　　)。[统考 2016 年研]

A. 英国　　B. 法国　　C. 德国　　D. 美国

【答案】C

【解析】日本近代高等教育的发展始于明治维新时期的教育改革。明治政府十分重视专门技术人才及科学研究人才的培养。为实现这一目的，明治政府不但向欧美大基派遣留学人员，而且十分注重借鉴德国发展高等教育的经验，致力于新式大学的创办工作。

3. 美国进步教育运动因 1929 年 ~ 1933 年经济危机而发生明显转向，具体表现为(　　)。[统考 2016 年研]

A. 从中等教育转向初等教育

B. 从重视集体教学转向重视个别教学

C. 从教育理论研究转向进步学校实验研究

D. 从强调儿童自由发展转向重视发挥教育的社会职能

【答案】D

【解析】1929 年的大萧条严重影响了美国进步教育运动的发展。它使进步教育运动发生转向。一方面，此前强调儿童中心和个人的自由发展，此后则更加意识到学校的社会职能；另一方面，从 30 年代初期开始，进步教育运动的重心逐步从初等教育转向中等教育。

4. 20 世纪前半期法国“新大学同志会”为实现民主教育和择优录取而推行的教育改革运动是(　　)。[统考 2016 年研]

A. 新学校运动　　B. 统一学校运动

C. 公立学校运动　　D. 大学推广运动

【答案】B

【解析】第一次世界大战以后，法国的双轨制教育体系，作为阶级不平等的重要表现形式，受到人们强烈的抨击。1919 年，法国出现了一个激进的，具有自由主义色彩的组织——新大学同志会，建立统一学校，解决民主教育和择优录取的问题，以实现教育的民主化。

二、论述题

1．论述20世纪30年代欧美新传统教育思潮的主要观点及其影响。［统考2020年研］

答：20世纪30年代欧美新传统教育思潮主要包括要素主义教育思潮、永恒主义教育思潮以及新托马斯主义教育思潮。

（1）要素主义教育思潮

作为实用主义教育和进步教育对立面的要素主义教育最初形成于20世纪30年代末，其形成的标志是1938年在美国成立的“要素主义者促进美国教育委员会”。代表人物是美国教育家巴格莱、科南特等。对20世纪50～60年代的教育改革产生重要的影响。

①主要观点：

a. 把人类文化的“共同要素”作为学校教育的核心。

b. 教学过程必须是一种训练智慧的过程。

c. 学生在学习上必须努力和专心。

d. 强调教师在教育和教学中的核心地位。

②影响：要素主义教育对美国的学校教育产生过很大的影响，要素主义教育家提出的教育理论和策略曾受到美国政府的重视，其中一些被采纳为国家的教育政策。但是由于忽视了学生自己的兴趣和身心特点以及能力水平，片面强调系统的、学术性的基本知识学习，加上所编的教材脱离学校教育实际，要素主义教育受到一些社会和教育界人士的抨击。从20世纪70年代起，要素主义逐渐失去其优势地位，但仍有相当的影响。

（2）永恒主义教育思潮

在现代欧美教育思潮中，永恒主义教育是提倡复古的一种教育思想，它形成于20世纪30年代，其代表人物是美国教育家赫钦斯和阿德勒、英国教育家利文斯通、法国教育家阿兰等。

①主要观点：

a. 教育的性质永恒不变。

b. 教育的目的就是理性的培养。

c. 永恒的古典学科应该在学校课程中占据中心地位。

d. 提倡学习和钻研古典名著。

②影响：从批判“现代教育”理论这一点来看，永恒主义教育比要素主义教育更加激进。但是它并没有提出什么新的价值判断。由于其复古态度，把学生的学习局限于古典著作，因而受到许多人的批判。永恒主义教育在教育理论上有一定的影响，但在教育实践中的影响范围并不大。

（3）新托马斯主义教育思潮

新托马斯主义教育是提倡宗教教育的一种教育思想。20世纪30年代一批教育家以新托马斯主义哲学为理论依据，反对以实用主义教育为核心的现代教育理论与实践，提出属于新传统派的教育理论。其主要代表人物有法国唯心主义哲学家、教育家雅克·马里坦等。

①主要观点：

a. 教育应该以宗教教育为核心。

b. 教育的目的是培养真正的基督教徒和有用的公民。

c. 实施宗教教育是学校课程的核心。

d. 教育应该属于教会。

②影响：新托马斯主义教育对欧美国家的一些教会学校产生了一定的影响。但是这种教育思想本身存在着连它自己也难以自圆其说的矛盾，从而陷入了无法摆脱的窘境。

2. 20 世纪前期，现代教育发展的两大趋势是什么？在英、法、德、美、日是如何体现的？试予以分析。

答：20 世纪前期，现代教育发展有两大趋势：一是改变双轨制、加强中等教育与初等教育的联系，改革中等教育的组织、结构和职能；二是职业教育与高等教育的发展。在几个主要的资本主义国家的表现可以从以下几个方面进行分析：

(1) 改变双轨制、加强中等教育与初等教育的联系，改革中等教育的组织、结构和职能

①在英国，《哈多报告》第一次从国家角度阐明了中等教育面向全体儿童的教育思想，并从儿童心理发展特点的角度明确提出了初等教育的终点和初等教育之后教育分流的主张，以满足不同阶层人们的需要。《斯宾斯报告》把中等教育的双轨方案扩展为三轨，即文法中学、现代中学和技术中学，报告还提出设立兼有文法、现代和技术学科的多科性中学的设想。《巴特勒教育法》实施后，英国形成了由文法学校、技术中学和现代中学组成的中等教育结构，工党执政后，要求按照综合中学的模式改组中等教育结构，最终确定了初等学校与中等学校相联系的制度。

②在法国，1919 年掀起了“统一学校运动”，要求建立全国统一的学制，法国政府决定在初等教育阶段实施统一的学校制度。设立统一入学考试制度，使学生享有入学的平等机会。把中学的初级阶段改为独立的公立学校，与初等统一学校衔接，实现初级中等教育的统一。

③在德国，魏玛共和国时期，初等教育废除双轨学制，实施 4 年制的统一初等教育。中等教育主要有两个方面的变化：一是取消了中学的预备阶段，使中学能够建立在统一的基础学校之上；二是新建立了两种学校——德意志中学和上层建筑学校。纳粹时期，中学的学习时间由原来的 9 年缩短为 8 年，学校类型由原来的五种减少为三种。中学课程强调统一性，民族沙文主义成为中学课程灌输的基本精神。

④在美国，通过了《中等教育的基本原则》的报告，建立一个中等教育与初等教育相衔接的学校系统。其中，初等教育和中等教育各为 6 年，中等教育可由初级阶段教育和高级阶段教育组成，每段 3 年，中等教育在包容所有课程的综合中学进行。

(2) 职业教育与高等教育的发展

①在英国，“罗宾斯原则”抛弃了传统大学长期以来一直实行的狭窄专业占主导地位的办学方针，强调高等教育要适应现代科学技术进步和社会生产发展对人才的新要求。《雷沃休姆报告》对调整高等教育课程内容和结构，以适应知识综合化和职业多变化的需要；加强和改进高等教育管理，特别是要加强高校内部专业化的管理。

②在法国，《阿斯蒂埃法》的颁布使法国的职业技术教育第一次获得了有组织的形式，

成为一种由国家管理的事业。《高等教育方向指导法》的主要内容是确立了法国高等教育“自主、自治、民主参与、多科性结构”的办学原则，要求按照新的原则调整和改组法国的大学。

③在德国，魏玛共和国时期，在高等教育上，一方面坚持大学自治、教学与科研相结合的原则，一方面提出高等教育面向大众的思想。

④在美国，“八年研究”计划研究大学与中学的关系问题，建立初级学院，颁布《史密斯－休斯法》，把传统的专为升学服务的中学改为兼具升学和就业的综合中学。

第21章　第二次世界大战前的苏联教育

21.1　复习笔记

【知识框架(庖丁解牛)】

- 第二次世界大战前的苏联教育
  - 建国初期的教育改革(1917～1920)
  - 20年代的学制调整和教学改革试验(1921～1930)
    - 学校制度的调整
    - 综合教学大纲的试行
    - 加强劳动教育和综合技术教育
    - 高等教育的改革
  - 30年代的调整、巩固与发展(1931～1941)
    - 联共(布)中央关于教育改革的重要决定
    - 30年代苏俄的教育改革措施及评价
  - 马卡连柯的教育实践和教育思想

【考点归纳(游刃有余)】

考点一、建国初期的教育改革(1917～1920)

十月革命胜利后，苏维埃政府采取了一系列措施对旧教育进行根本性的改革。改革的重点是废除旧的教育制度，改变学校的性质，确立无产阶级政党对教育事业的领导地位。

表21－1　建国初期的教育改革(1917～1920)

要点	具体内容	
管理体制	①改革教育管理体制，成立国家教育委员会负责国民教育。 ②阐明教育的总方针和基本原则，收回教会对学校的管理权。 ③撤销学区制，将教育机构和财产全部移交教育人民委员部	
学校制度	提出莫斯科方案和彼得格勒方案，颁布《统一劳动学校规程》，建立统一劳动学校制度	
教学工作	教学内容	废除宗教教学和宗教仪式，重视自然科学和劳动教育
	教学组织形式	将班级集体工作和学生小组或者个人工作相结合，强调“个别化教学”
	教学方法	教师讲解之外还有图表演示、实验室作业、参观旅行
	教育工作	重视集体主义和爱国主义教育
教师教育	召开大会、举办补习班和政治学习小组，提高教师的政治觉悟和教学水平	

考点二、20年代的学制调整和教学改革试验(1921~1930)

1. 学校制度的调整

表21-2 学校制度的调整

要点	具体内容
原因	迅速恢复和发展国民经济、将落后的农业国转变为工业国的需要
内容	普通教育、综合技术教育与职业教育相结合
评价	①优点是灵活多样，可以短时间培养各行各业的人才为国家经济建设服务。 ②不足是普通学校与高等学校，高等学校与职业技术学校之间培养水平和学生年龄不协调

2. 综合教学大纲的试行

学制的调整必然要求从根本上改革旧的教学内容和教学方法。为了解决这个问题，1921~1925年间国家学术委员会的科学教育组编制并正式公布了《国家学术委员会教学大纲》(通称“综合教学大纲”或“单元教学大纲”)。

表21-3 综合教学大纲的试行

要点	具体内容
大纲及配套措施	①教学内容上，大纲取消学科界限，以劳动为中心，分为自然、劳动和社会三个方面。 ②教学方法上，采用劳动教学法，提出“打倒教科书”的口号。 ③教学组织形式上，取消班级授课制，实行道尔顿制和设计教学
评价	①优点在于力图通过单元教学将教学与生活相联系，加强学科之间的联系，培养和发挥儿童的主动性和创造性。 ②破坏学科间的内在逻辑联系，曲解教学活动与实际生活的联系，削弱了基础知识和基本能力的训练
影响	对苏联教学工作产生深远影响，其基本原则的偏差使教学工作走了弯路

3. 加强劳动教育和综合技术教育

表21-4 加强劳动教育与综合技术教育

要点	具体内容	
思想来源	①列宁主张将普通教育(以劳动为中心)、综合技术教育和职业教育相结合。 ②克鲁普斯卡雅强调在普通教育和综合技术教育的基础上进行职业教育	
制度基础	统一劳动学校制度实施	
文件要求	《国家学术委员会教学大纲》规定劳动是学校生活的组成部分	
贯彻实施	劳动教育	在第一级统一劳动学校中，学生通过劳动掌握知识，养成劳动习惯
	综合技术教育	在第二级统一劳动学校中，学生的学习重心转向综合技术

4. 高等教育的改革

随着国民经济的恢复和发展，为了尽快培养新专家，联共(布)中央从20年代末开始着手改革和发展高等教育，主要措施有：

(1)改进招生制度，逐步恢复新生入学考试。

(2)改革高等学校的管理体制，由教育人民委员部统一领导的部分高等学校划归苏联最高国民经济委员会、人民教育委员部和交通人民委员部三个机构共同领导。

(3)加强教学与生产的联系。联共(布)颁布了一系列决议要求加强教学与生产的联系，并提出了具体的改进措施。

考点三、30 年代的调整、巩固与发展(1931～1941)

1. 联共(布)中央关于教育改革的重要决定

表 21－5　联共(布)中央关于教育改革的重要决定

要点	具体内容
原因	国家建设的要求，解决长期以来教育发展的问题
内容	①总结建国以来的教育工作，肯定成绩、指出教学方面的不足。 ②从实际情况出发对学校的教学、管理等多方面提出明确要求和改革措施
评价	①对克服学校工作的缺点、提高教学质量、适应国家建设有重要意义。 ②执行过程中过度强调知识教育，走向另一极端

2. 30 年代苏俄的教育改革措施及评价

表 21－6　30 年代苏俄的教育改革措施及评价

要点	具体内容
改革措施	①改革学校制度，延长学习年限。 ②实施普及义务教育，提高全民文化水平。 ③改进普通学校的教学工作，提高教学质量。 ④发展师范教育，提高教师素质。 ⑤继续改革和调整高等教育，包括调整专业设置、改革招生制度、改进教学工作和加强学校管理等
评价	①通过调整基本克服了前一时期教学的重大缺点，提高了教学质量，培养了专门人才。 ②思想认识的片面性也给改革带来了问题，如教学大纲的内容越来越庞杂，过分强调传授系统知识，忽视思想教育和劳动教育

考点四、马卡连柯的教育实践和教育思想

表 21－7　马卡连柯的教育实践和教育思想

要点	具体内容
教育实践	①1920 年～1928 年，接受波尔塔瓦省国民教育厅的委托，管理少年违法者工学团(不久改名为高尔基工学团)。 ②1928 年～1935 年，转任专门为流浪儿童建立的教育机构——捷尔仁斯基公社的领导，把数千名少年违法者教育改造成社会主义建设人才。 ③主要著作有《教育诗篇》《塔上旗》《父母必读》等

续表

要点	具体内容	
教育思想	方法论与思想基础	①用发展和变化的观点来研究教育现象，持有辩证唯物主义教育观。 ②充分肯定人的价值，尊重儿童的人格，也提出严格的要求，具有革命乐观主义和社会主义人道主义精神
	教育目的	培养青年一代成为有教养的苏维埃人，有学识、有政治修养、道德高尚、身心健全的公民
	集体主义	①培养集体主义者是苏维埃教育的任务。 ②集体教育面向所有人，教育者对每个成员的影响是平行的。 ③教师在教学中应提出新任务，吸引学生为实现新的前景开展活动。 ④培养集体的作风和传统是集体教育的重要方法。 ⑤强调纪律的政治意义和教育意义，对教育者的纪律性提出了要求
	劳动教育	①目的是发展儿童的体力和智力，培养生产劳动技能。 ②按照教育原则组织的劳动才有教育意义。 ③劳动和思想政治教育相结合才能取得良好效果
	家庭教育	①建立完整且团结一致的家庭集体，是从事家庭教育的基础。 ②注意尺度和分寸，既培养孩子的积极性，又对其加以克制。 ③家长要注意自身行为，树立威信。 ④让儿童适当地参与家庭经济管理并力所能及的劳动，也是重要的方法

21.2 典型题（含考研真题）详解

一、单项选择题

20世纪30年代联共（布）中央颁布实施《关于小学和中学的决定》，确定该时期苏联教育发展的主要任务是（　　）。［统考2018年研］

A. 实施综合教学大纲　　B. 恢复班级授课制度

C. 建立统一劳动学校制度　　D. 加强教学与生产劳动的联系

【答案】B

【解析】20世纪20年代苏联建国初期，教育偏重劳动，主要表现在综合教学大纲的实施，统一劳动教学制度和加强教学与生产劳动的联系，ACD三项，体现的都是苏联20年代时期的教育发展状况，故排除。30年代起，教育偏重知识，恢复班级授课制，提高读写算能力，制定具有学科知识性的教学大纲，班级授课制被确定为该时期苏联教育发展的主要任务，因此答案选B。

二、简答题

简述马卡连柯的主要教育观点及其影响。

答：马卡连柯是苏联早期著名的教育理论家和实践家，他的主要教育观点有如下几个方面：

（1）教育的目的

马卡连柯认为教育的目的是教育工作的基础和教育事业成功的首要条件，学校的任务是为社会培养高质量人才。根据当时苏联社会主义建设的实际情况，他认为教育的目的应该是把青年一代培养成为真正有教养的苏维埃人、劳动者，一个有用的、有技术的、有学识的、有政治修养的和高尚道德的身心健全的公民。

(2)集体主义教育

马卡连柯认为培养集体主义者是苏维埃教育的任务，集体教育面向所有人，教育者对每个成员的影响是平行的。教师在教学中应提出新任务，吸引学生为实现新的前景开展活动。培养集体的作风和传统是集体教育的重要方法。强调纪律的政治意义和教育意义，对教育者自身的纪律性提出了要求。

(3)劳动教育

马卡连柯重视劳动教育，他认为目的是发展儿童的体力和智力，培养生产劳动技能。只有按照教育原则组织的劳动才有教育意义。劳动和思想政治教育相结合才能取得良好效果。

(4)家庭教育

在家庭教育方面，马卡连柯认为建立完整且团结一致的家庭集体是从事家庭教育的基础。注意尺度和分寸，既培养孩子的积极性，又对其加以克制。家长要注意自身行为，树立威信。让儿童适当地参与家庭经济管理并力所能及的劳动，也是重要的方法。

(5)马卡连柯教育观点的影响

①在苏联范围内，以教育革新家著称的马卡连柯深入研究了苏联早期的各种教育理论和实践问题，提出许多具有独创性的见解。他关于教育目的的论述，实际上反映了对人的全面发展的要求；他的社会主义人道主义教育的基本原则、劳动教育思想，特别是集体主义教育的理论和方法，反映了教育的客观规律，不仅适用于少年违法者和流浪儿童的教育，而且具有普遍意义。因此，他的教育理论对苏联普通学校的工作和教育科学的发展产生了极大影响。

②在世界范围内，马卡连柯的教育著作被译成多种文字并在许多国家广泛流传。如我国在 20 世纪 50 年代就曾翻译出版了《马卡连柯文集》(七卷本)。

三、论述题

20 世纪 20～30 年代苏联相继颁布实施了《国家学术委员会教学大纲》和《关于小学和中学的决定》。试述评其中有关系统知识教学与生产劳动相结合的规定及其实施结果。[统考 2016 年研]

答：(1)1921～1925 年间国家学术委员会的科学教育组编制并正式公布了《国家学术委员会教学大纲》(通称综合教学大纲或单元教学大纲)。

①主要内容

a. 大纲完全取消了学科界限，将指定要学生学习的全部知识按自然、劳动和社会三个方面的综合形式来排列，而以劳动为中心。

b. 在实施综合教学大纲的同时，相应地改变了教学方法，开始采用所谓劳动的教学法，即在自然环境中，在劳动和其他活动中进行教学。

c. 他们主张废除教科书，广泛推行“工作手册”“活页课本”和“杂志课本”等。

d. 在教学的组织形式方面，主张取消班级授课制而代之以分组实验室制(即道尔顿制)和设计教学等。

②实施结果

综合教学大纲虽未普遍推行，但对苏联学校的教学工作却产生过深远的影响。整个20年代，苏联的教学计划和教学大纲几经修改，但综合教学大纲编制的原则基本上没有改变，使苏联的教学工作走了一段很长的弯路。

③评价

a. 综合教学大纲力图通过单元教学的形式，把学校的教学工作同现实生活紧密地联系起来，彻底克服旧学校教学与生活完全脱离的缺点，并加强各门学科之间的联系，培养儿童自己掌握知识的能力和自觉的劳动态度，充分发挥他们学习的主动性和创造性。

b. 综合教学大纲实际上破坏了各门学科之间的内在逻辑，曲解了教学活动与现实生活之间的联系，因而削弱了学校中系统的基础理论知识的学习和基本的读写算能力的训练。

(2)面对国家建设的要求，以及为了解决长期以来教育发展中的问题，联共(布)中央和苏联政府于1931年8月25日颁布了一项有关教育改革的重要决定，即《关于小学和中学的决定》。这个决定成为30年代苏联改革和发展国民教育的纲领性文件。

①主要内容

a.《决定》对建国以来的教育工作进行了全面总结，肯定了成绩，但也指出学校的教学没有提供足够的普通教育知识，没有完成培养充分掌握科学基础知识的人的任务。

b.《决定》从当时的实际情况出发，对学校的基本任务、教学方法、干部、中小学的物质基础以及学校管理等方面提出了明确的要求和具体的改进措施，强调对学生的基础知识与基本技能的教育。

②实施结果

该规定是为了克服20年代教育规定造成教学质量低下的问题提出的，在实施中得到了严格的贯彻。

③评价

a. 决定对克服苏联普通学校工作中存在的缺点，进一步改进学校的教学、教育工作，提高教学质量，使之更加适合于社会主义建设的需要具有极其重要的意义。

b. 但在实际执行这一《决定》的过程中，由于过分强调对学生的知识教育，导致学校工作走上了另一极端，即忽视学生的劳动教育。

第22章　第二次世界大战后美、英、法、德和日本的教育改革

22.1　复习笔记

【知识框架（庖丁解牛）】

- 第二次世界大战后美、英、法、德和日本的教育改革
  - 美国的教育改革
    - 《国防教育法》和20世纪60年代的教育改革
    - 20世纪70～80年代的教育改革
    - 20世纪90年代的教育改革纲领与教育政策
  - 英国的教育改革
    - 《1944年教育法》
    - 20世纪60～70年代的教育改革
    - 20世纪80年代的教育改革
    - 20世纪90年代的教育改革
    - 进入21世纪以来的教育改革
  - 法国的教育改革
    - 《郎之万－瓦隆教育改革方案》
    - 20世纪50～60年代的教育改革
    - 20世纪70～80年代的教育改革
    - 20世纪90年代的教育改革
    - 进入21世纪以来的教育改革
  - 联邦德国和统一后德国的教育改革
    - 1959年的《总纲计划》
    - 20世纪60～70年代的教育改革
    - 20世纪80年代的教育改革
    - 德国统一以来的教育改革
  - 日本的教育改革
    - 《教育基本法》和《学校教育法》
    - 20世纪50～60年代的教育改革
    - 20世纪70年代的教育改革
    - 20世纪80年代的教育改革
    - 20世纪90年代的教育改革
    - 进入21世纪以来的教育改革

【考点归纳（游刃有余）】

考点一、美国的教育改革

1.《国防教育法》和20世纪60年代的教育改革

（1）《国防教育法》

表 22－1 《国防教育法》

要点	具体内容
背景	二战后，社会各界批评教育质量，改革呼声高涨
内容	①加强普通学校的自然科学、数学和现代外语教学。 ②加强职业技术教育。 ③强调“天才教育”。 ④增拨大量教育经费
意义	是美国战后的教育基本法，表明美国认识到了教育在国际竞争中的重要性，教育与国家的安危和国家的前途命运息息相关，有利于提高教育质量、培养科技人才

(2)20 世纪 60 年代的教育改革

20 世纪 60 年代美国教育改革的主要内容有：

①中小学的课程改革。

②继续解决教育机会不平等问题。

③发展高等教育，提高高等教育质量。

2. 20 世纪 70～80 年代的教育改革

(1)20 世纪 70 年代的教育改革

表 22－2 20 世纪 70 年代的教育改革

要点	具体内容
背景	中小学生缺乏社会适应能力、普通教育基础训练不足等弊端暴露出来
主题	①“生计教育”，核心是职业教育和劳动教育，引导人们学会新的技能。 ②“返回基础”，加强中小学校基础知识和基本技能的训练
发展	①1974 年美国国会通过《生计教育法》，重点在中小学实施。 ②“返回基础”实质是恢复传统教育思潮，随之社会形势变化，于 80 年代后期消弭
影响	①“生计教育”不可能解决社会制度固有的弊端，只能是一种安慰人们适应社会现实的生存措施。 ②“返回基础”过分重视传统教育而备受指责，逐渐消弭

(2)20 世纪 80 年代的教育改革

表 22－3 20 世纪 80 年代的教育改革

时期	具体内容
80 年代初期	①中小学出现消费教育、环境教育、多元文化和多种族教育、反毒品教育、性教育多种教育改革动向，在课程中有所体现，传统科目也被更新。 ②1983 年，《国家在危机中：教育改革势在必行》报告提出改革建议，包括加强基础、提高标准、改革师资、重视管理等
80 年代中期	科学促进会邀请学者组成五个学科专家小组分别总结改革的经验教训
80 年代后期	①专家小组讨论形成并发布《普及科学——美国 2061 计划》总报告。 ②布什推行新政策和举措，如鼓励教育、兴办“磁铁学校”、关注困难儿童教育等

3. 20 世纪 90 年代的教育改革纲领与教育政策

(1)教育改革纲领有世纪之交发布的《美国 2000 年教育战略》以及克林顿签署的《2000 目标：美国教育法》。

(2)教育政策主要有克林顿提出的关于教育发展的三大目标及其行动纲领。

4. 进入 21 世纪以来的教育改革与发展

表 22－4　进入 21 世纪以来的教育改革与发展

要点	具体内容	
中小学教育	改革方向	小布什政府进行以提升基础教育质量为核心的教育改革
	举措	颁布《不让一个孩子落伍法》
	内容	实施中小学责任制，强化教学工作的科学研究，给学生家长更多的选择，给地方更大的自主权
	意义	①该法案是继《国家处在危险之中：教育改革势在必行》之后一系列教育文件和法律精神的集中体现。 ②在提高中小学生科学素养，寻找统一标准等方面做出了努力。 ③为 21 世纪初期美国基础教育改革指明方向
高等教育	奥巴马政府将经费向高等教育倾斜，支持低收入学生完成大学教育	
科技教育	①为培养创新人才、加强美国在世界的经济竞争力，布什发表《美国竞争力计划——在创新中领导世界》国情咨文讲话。 ②为促进美国科技教育发展，教育部 2002 年出台《2007～2012 教育战略规划》。 ③为适应 21 世纪科学教育发展的需要，2011 年国家研究理事会发布《国家科学教育框架》	

考点二、英国的教育改革

1.《1944 年教育法》

表 22－5　《1944 年教育法》

要点	具体内容
颁布时间	1944 年 8 月
中心内容	调整教育领导体制，谋求初等教育和中等教育的衔接
主要意义	①加强了国家控制，完善了地方管理。 ②建立的领导体制适合英国传统，也符合各方利益。 ③教育事业长足发展，普及十年义务教育的目标基本实现

2. 20 世纪 60～70 年代的教育改革

表 22－6　20 世纪 60～70 年代的教育改革

要点	具体内容
中等教育	保留文法中学和公学，其余学校改为综合中学，综合中学制度缓慢发展

续表

要点	具体内容
高等教育	①实行“罗宾斯原则”，为能力和成绩合格并愿意接受高等教育的人提供高等教育。 ②创办“开放大学”，以成年人为教学对象，运用现代化的教学手段和灵活的教学模式教授
师范教育	①1972 年《詹姆斯报告》提出“师资培训三段法”。 ②撤销“地区师资培训组织”，师范教育管理模式改变。 ③师范教育由定向与非定向相结合的体制转变为非定向体制

3. 20 世纪 80 年代的教育改革

英国在 20 世纪 80 年代进行的教育改革主要体现在官方制定的改革文件和社会团体发布的改革报告上，如《雷弗休姆报告》《1988 年教育改革法》。改革的重心在高等教育领域。

表 22－7　20 世纪 80 年代的教育改革

文件	具体内容
《雷弗休姆报告》	针对高等教育采取扩大入学途径、调整课程结构、改进教育管理、增加奖学金发放等措施
《1988 年教育改革法》	①对教育体制进行全面改革，开启二战后最大规模的改革。 ②课程设置上，规定全国各学段的统一课程。 ③考试制度上，规定了义务教育阶段的四次考试以及平时的考查。 ④学校管理体制上，采取摆脱选择政策，开始冲破以往中央、地方两级分权管理教育的传统。 ⑤高等教育管理和经费预算上，废除“双重制”；成立基金委员会负责拨款

4. 20 世纪 90 年代的教育改革

表 22－8　20 世纪 90 年代的教育改革

要点	具体内容
初等教育与中等教育	①具有“共同化的标准”和“多样化的结构”两大特征。 ②《1992 年教育法》确定单一教育督导体制，中央政府对基层教育的影响加强。 ③中小学教育体制改革成为主题之一，学校自主权扩大。 ④新增“直接拨款学校”“城市技术学院”“特色学校”，推进普通教育与职业教育的融合
高等教育	①《1992 年继续教育和高等教育法》建立了统一的高等教育体制、拨款机构以及高等教育质量保证体系，“双重制”彻底终结，新型高等教育大众化框架形成。 ②《学习社会中的高等教育》就高等教育的目的、模式、结构、危机等做出具体规划并提出多项建议，是第一个全面回顾反思并做出战略构思的纲领性文件

5. 进入 21 世纪以来的教育改革

表 22－9　进入 21 世纪以来的教育改革

要点	具体内容
高中课程改革	①分为两年制“普通教育高级水平证书课程”与“补充高级水平课程”、大学先修课程、“国家通用职业资格”教育课程、“国家职业资格”教育课程四类。 ②打通普通教育与职业教育的隔离，课程组合体系可以适应学生的需要

续表

要点	具体内容
《国家科学教育课程标准》	包括科学课程概况、学习计划、教学要求和实现目标四部分，强调科学教育对学生的影响
《机会与卓越：14～19 岁青少年的教育》白皮书	①实施灵活开放的高中教育政策，保证青少年接受优质教育。 ②实施“业士证书制”，提供灵活、透明、严格的教育培训体系
《2020 愿景：2020 年教与学评议组的报告》	强调高中学生的独特性，为其提供可选择的、多样化的课程

考点三、法国的教育改革

1.《郎之万－瓦隆教育改革方案》

表 22－10　《郎之万－瓦隆教育改革方案》

要点	具体内容
背景	1945 年，法国组建了一个以著名物理学家郎之万为主席、儿童心理学家瓦隆为副主席的教育改革委员会，该委员会于 1947 年正式向议会提交了《教育改革方案》(又称《郎之万－瓦隆教育改革方案》)
地位	该方案是战后初期教育改革的依据，在法国教育史上举足轻重
内容	提出教育改革的六条原则，将 6～18 岁学生免费义务教育分为三个阶段，设计高等教育
影响	虽然因为战后历史环境未能付诸实施，但影响了初等教育的扩充和中等教育的普及，并且基本实现了二者的衔接

2. 20 世纪 50～60 年代的教育改革

表 22－11　20 世纪 50～60 年代的教育改革

时间	具体内容
1959 年	①《教育改革法》规定延长义务教育年限，将中等教育划分两个阶段和不同的类型，但改革不够灵活，难以实施。 ②《国家与私立学校关系法》规定国家以“简单契约”或“协作契约”的形式资助私立学校
1968 年	①中等教育方面，在教学组织形式上推行能力分组的改革试验，教师对学生的了解更加深入，因材施教的方法之下，学生有明显的进步。 ②高等教育方面，巴黎大学生“五月风暴”运动促使《高等教育方向指导法》颁布，确立“自主自治、民主参与、多科性结构”三项原则，但在集权化教育管理的大环境下难以实行

3. 20 世纪 70～80 年代的教育改革

(1)20 世纪 70 年代中期的教育改革

表 22－12　20 世纪 70 年代中期的教育改革

要点	具体内容
改革目的	使法国在世界工业生产和科技领域保持优势地位
改革文件	《法国学校体制现代化建议》(《哈比法》)

续表

要点	具体内容
改革措施	①管理体制上，中学校长由教育部长任命，学校内部成立各种组织参与管理学校事务。 ②教学内容上，小学增加自然、社会环境等综合启蒙课，初中加强实验和技术教育。 ③教学方法上，运用心理学最新研究成果指导教学，注重个别化教学，采用现代化教学手段

(2)20 世纪 80 年代的教育改革

表 22－13　20 世纪 80 年代的教育改革

要点	具体内容
改革目的	解决教育淘汰率高和教学内容现代化水平的问题，克服学业失败，缩小教育不平等
改革措施	①划出一些落后地区为“教育优先区”，在区域内强化早期教育、实施个别教学、扩大校外活动等，建立相应的管理与协调机制。 ②在中小学实施“信息交流和传播工具入门”计划，培养学生理解分析信息的能力。 ③在中小学实施新的教学大纲，调整课程安排。 ④公布师范教育改革法令，加强师资培养。 ⑤颁布《教育指导法》，成为 90 年代改革的指导性文件

4. 20 世纪 90 年代的教育改革

表 22－14　20 世纪 90 年代的教育改革

要点	具体内容
改革目的	为应对国际和国内在政治、经济、科技和社会等方面的多重挑战
改革措施	①继续“优先教育区”政策，范围从小学扩大到各类中学。 ②重视基础教育课程的改革，成立国家课程委员会，公布纲领性文件《课程宪章》。 ③建立新的教学组织形式——学习阶段，将幼儿教育与小学教育融为一体。 ④推进师范教育改革，设置教师培训学院这一公立高等教育机构，提高教师待遇

5. 进入 21 世纪以来的教育改革

表 22－15　进入 21 世纪以来的教育改革

时间	举措
2003 年	成立“学校未来全国讨论委员会”，发布报告《为了全体学生成功》，提出改革目标
2005 年	议会颁布《学校未来的导向与纲要法》
2007～2008 年	发布高中课程改革设想、形成阶段性决议，实施更为自由的选课制度
2010 年	正式实施“新高中”改革方案《面向 2010 年的新高中》，改革的三个主题是更好定向、更好辅导和学好外语

考点四、联邦德国和统一后德国的教育改革

1. 1959 年的《总纲计划》

1959 年，德国教育委员会公布《改组和统一公立普通学校教育的总纲计划》(简称《总纲计划》)。

表 22－16 1959 年的《总纲计划》

要点	具体内容
初等教育	所有儿童应先接受四年的基础学校教育，再接受两年的促进阶段教育
中等教育	设置主要学校、实科学校和高等学校三种中学

2. 20 世纪 60～70 年代的教育改革

表 22－17 20 世纪 60～70 年代的教育改革

要点	具体内容
中小学教育	①出于新形势下适应现代工业社会的需要各州州长签订《汉堡协定》，规定所有儿童必须接受九年义务教育。 ②仍以主要学校为中等教育的基本类型，1969 年对主要学校的特征做出规定，成为为社会下层子弟开设的、层次最低的中学。60 年代中期之后出现“综合学校”，但发展缓慢。 ③1969 年修改基本法，扩大联邦政府对学校的管理权
学前教育	1970 年提出《教育结构计划》，将学前教育列入学校教育系统，政府开始重视早期智力开发和人才培养
高等教育	1976 年正式颁布《高等学校总纲法》，是战后第一部高等教育方面的法律。以保留大学自治传统、注重发掘大学潜力为其精神实质
职业教育	面向义务教育之后不能进入大学学习者，采取“双元制”，将工厂企业的实际操作训练与职业学校的理论知识学习相结合，学习合格即可就业
师范教育	1976 年通过《报告与建议》，规定师资培养制度

3. 20 世纪 80 年代的教育改革

表 22－18 20 世纪 80 年代的教育改革

要点	具体内容
初等和中等教育	①发掘儿童智力潜能，注重幼儿园与基础学校有效的衔接。 ②调整课程设置以适应社会发展的需要。 ③普通中等教育和职业技术教育课程互相渗透。 ④加强个别化教学，因材施教。 ⑤注重尖子学生培养
高等教育	1985 年修订《高等学校总纲法》，保持多层次、多样化办学原则，承认高校自主权，加强实习实践
师范教育	综合大学开始参与承担培养师资的任务，师范大学和学院数量减少

4. 德国统一以来的教育改革

表 22－19 德国统一以来的教育改革

要点	具体内容
主要特征	①建立全日制学校和全国统一的佳偶标准，设立独立的教育评估机构。 ②注重培养学生的外语能力、创造能力以及现代信息技术应用能力
初等教育	属于义务教育阶段，由基础学校实施，除了勃兰登堡实行十年义务教育之外，各州均为九年
中等教育	大多数州采用主要学校、实科学校和完全中学平行的三分结构学制模式

续表

要点	具体内容
高等教育	从结构、组织和内容进行改革，将学校分为学术性和非学术性两大类，各州自主权增加
职业教育	各州在义务教育之后有三年制的义务职业教育
师范教育	将专业训练和实践训练分为两个阶段，高等学校承担师资培养任务

考点五、日本的教育改革

1.《教育基本法》和《学校教育法》

表 22－20　《教育基本法》和《学校教育法》

要点	主要内容
背景	①二战后，日本被迫宣布放弃军国主义政策，实施和平建设的基本国策，在美国的扶持下，实施经济兴邦的战略，并推出了教育发展蓝图。 ②1947 年，日本国会公布了《教育基本法》和《学校教育法》两个重要教育法案，否定了战时军国主义教育政策，为战后教育指明了发展方向
内容	①《教育基本法》规定了教育目标是陶冶人格，全体国民接受九年义务教育，尊重学术自由，禁止公立学校开办宗教教育，教育机会均等，尊重教师鼓励家庭教育和社会教育等。 ②《学校教育法》规定了教育委员会负责各地学校事务，采用六三三四单轨学制，高级中学实施普通教育和专门教育，多种类型的教育机构统一成单一类型的大学等
意义	①教育目标不再是军国主义，对战后日本教育发展具有积极意义，《教育基本法》被视为划时代的教育文献。 ②《学校教育法》保证了《教育基本法》的实施，为二战后日本教育系统化改革提供有力的法律保障

2. 20 世纪 50～60 年代的教育改革

表 22－21　20 世纪 50～60 年代的教育改革

要点	具体内容
背景	日本经济在 20 世纪 50 年代快速复苏，政府把人才质量与数量视为实现经济目标的重要条件
改革目的	解决普通高中快速发展与职业技术人才短缺的矛盾
改革措施	①1951 年公布《产业教育振兴法》，振兴职业教育。 ②1957 年制定的《新长期经济计划》(1958～1962)首次将教育发展计划和教育政策编入国民经济计划。 ③1960 年制定的《国民收入倍增计划》(1961～1970)强调普及提高中等教育，充实科学技术教育，加强职业训练与职业指导。 ④1965 年颁布《中期经济计划》(1964～1968)，强调“提高人的能力和振兴科学技术”的紧迫性，要求充实高等教育，培养高素质的劳动者。 ⑤1967 年颁布《经济社会发展计划》，增加教育经费

3. 20 世纪 70 年代的教育改革

(1)《关于今后学校教育综合扩充、整顿的基本措施》的提出

1971 年，日本中央教育审议会提出《关于今后学校教育综合扩充、整顿的基本措施》咨询报告，这个文件成了日本 70 年代以来教育改革的纲领性文件，也是日本继明治初期和战后初期两次重大改革之后的所谓“第三次教育改革”的主要依据。该报告涉及各级各类学校，

其中，关于中小学教育和高等教育的改革影响较大。

(2)《关于今后学校教育综合扩充、整顿的基本措施》的内容

表 22－22　《关于今后学校教育综合扩充、整顿的基本措施》的内容

要点	具体内容	
中小学教育	基本目标	为每个人的终身成长和发展打基础，政府有责任提高教育水平，严格保障教育工作者的质量
	主要内容	①对教育体制内部问题进行改革。 ②教育课程要完整且适应个体需求。 ③提供咨询服务，帮助学生选择课程。 ④教育内容和教学方法应相适应。 ⑤改善教育条件，提高教育水平，实现教育机会均等
高等教育	改革目标	①提供接受高等教育的机会，提高学术研究水平。 ②自由地开展学术研究活动，并将研究成果融入课程中。 ③提升高等教育向社会开放的程度
	改革建议	①建立多样化的高等教育体制，对高等教育机构进行分类。 ②加强课程与专业教育的结合。 ③采用现代教学技术。 ④形成协调一致的高等教育管理机制。 ⑤建立校外专家评议会制度，建立资助私立学校的体制

4. 20 世纪 80 年代的教育改革

表 22－23　20 世纪 80 年代的教育改革

要点	具体内容
领导机构	1984 年国会批准成立“临时教育审议会”，1987 年文部省成立“教育改革推进本部”
改革目的	克服偏重学历、考试竞争过度、青少年心理健康问题突出、学校教育划一性和僵化
改革目标、使命与责任	培养青年的广阔胸怀、强健体魄和丰富创造力
改革原则	重视个性、国际化、信息化、向终身教育体制过渡
改革措施	修订中小学教学大纲、建立学习年限弹性化的后期中等教育结构，振兴学前教育和残疾人教育等

5. 20 世纪 90 年代的教育改革

(1)基础教育改革

表 22－24　基础教育改革

要点	具体内容
改革主题	①加强国家观念与社会道德观念培养。 ②教育地方分权化。 ③精选内容，体验学习。 ④考试制度多样化。 ⑤学校教育与社会教育相结合

续表

要点	具体内容
改革文件	“中教审”提出《面向21世纪我国教育的发展方向》报告
改革方向	在宽松的环境中培养学生的生存能力
改革措施	①精简课程内容。 ②推进个性化教育。 ③加强道德教育，重视志愿活动。 ④设定“综合学习实践”，开展有特色的教育活动

(2)高等教育改革

表22-25 高等教育改革

要点	具体内容
改革建议	高等教育个性化、高水平化、经营管理灵活化
改革主题	①注重学校特色建设。 ②提高科学研究水平。 ③强化大学的社会服务意识
改革文件	1991年修订《大学设置标准》，1998年提出《21世纪的大学和今后的改革策略》
改革领域	①本科教育方面，构建四年一体化课程体系，加强社会实践。 ②研究生教育方面，强化研究生院的教学水平与研究基地建设，形态多样化，修业年限弹性化

6. 进入21世纪以来的教育改革

表22-26 进入21世纪以来的教育改革

要点	具体内容
基础教育	①2003年开始实行“宽松教育”，开始培养“生存能力”的课程，强化“综合学习实践”。 ②2005年，针对学力下降、校园暴力现象进行教育结构改革，《开创新时代的义务教育》的出台标志着从“宽松教育”转向“扎实学力教育”
高等教育	以“大学结构改革”为主题，包括重组合并国立大学、国立大学法人化改革、21世纪“卓越中心”计划

22.2 典型题(含考研真题)详解

一、单项选择题

1. 关于美国高等教育改革，1963年《罗宾斯报告》提出的主要建议是(　　)。[统考2020年研]

A. 强化政府对高等教育经费分配的宏观管理

B. 废除高等教育的“双重制”，构建民主化的高等教育体制

C. 确立“自主自治”“民主参与”和“多科性结构”为核心的大学治理与发展原则

D. 为所有在能力和成绩方面合格并且愿意接受高等教育的人提供高等教育课程服务

【答案】D

【解析】1963 年，《罗宾斯报告》提出了“罗宾斯原则”，即应为所有在能力和成绩方面合格并愿意接受高等教育的人提供高等教育课程。A 项，“强化政府对高等教育经费分配的宏观管理”是《学习社会中的高等教育》强调的内容。B 项，“废除高等教育的双重制”是在《1988 年改革》和《继续教育和高等教育法》的作用下废除的。C 项，《高等教育方向指导法》中确立了“自主自治”“民主参与”和“多科性结构”为核心的大学治理与发展原则。

2. 英国进步教育运动时期，提出废除课堂教学和课程表以及年级制，代之以“公约”或合同式的学习的教学改革实验是(　　)。[统考 2020 年研]

A. 葛雷制　　B. 文纳特卡制　　C. 道尔顿制　　D. 昆西教学法

【答案】C

【解析】A 项，“葛雷制”的特点是学生上下午对调。B 项，“文纳特卡制”主要是个别学习与小组学习相结合。C 项，美国教育学家帕克赫斯特创立的道尔顿制主张：废除学校的课堂教学、课程表和年级制，代之以“公约”的形式，让学生自己确定应完成的各项学习任务。D 项，“昆西教学法”强调以儿童为中心。

3. 1947 年，日本国会颁布《学校教育法》，为日本二战后的学校教育发展指明方向。其中规定(　　)。[统考 2019 年研]

A. 实施大学区制　　B. 废除中央集权式的教育管理体制

C. 加强学生民族意识的培养　　D. 将中学分为寻常中学和高等中学

【答案】B

【解析】《学校教育法》是《教育基本法》的配套法案，该法案的重要内容之一是废除中央集权制，实行地方分权，新设教育委员会管理各地学校行政事务。体现了二战后日本教育行政管理体制的重大变化。

二、名词解释

1.《国防教育法》[华中师范大学 2005 研]

相关试题：

简述《国防教育法》。[简答题，东北师范大学 2016 研；武汉大学 2012 研；华南师范大学 2011 研]

答：《国防教育法》是美国教育法令，国会 1958 年通过，共 10 章。1957 年苏联人造卫星发射成功，动摇了美国在军事和科技方面的领先地位，使美国认识到教育和人才在国际竞争中的重要性，于是美国总统于次年亲自批准颁布了此法。《国防教育法》的主要内容包括：①加强普通学校的自然科学、数学和现代外语的教学；②加强职业技术教育；③强调“天才教育”；④增拨大量教育经费，加强“新三艺”的教学，资助高等学校的教学与科研，奖励科学研究，建立国防奖学金，培养一流科技人才，增强国防能力。以后，《国防教育法》的内容又不断得到修正完善。《国防教育法》是作为改革美国教育、加快人才培养的紧急措施推出的。它的颁布实施表明美国当局已经认识到教育在国际竞争中的重要性，教育与国家安危和国家的前途命运息息相关。该法的颁布有利于美国教育的发展，有利于教育质量的提高、科技人才的培养。它成为美国 20 世纪 60 年代教育改革的开端，对美国教育乃至世界教育改革都产生了巨大影响。

2. 恢复基础运动［南京大学2005研］

答：恢复基础运动是美国20世纪70年代初形成的教育运动，旨在消除进步主义教育造成的学生知识水平下降，基本技能不足的后果，纠正20世纪60年代教育改革教材难度过大、忽视基础知识与基本技能的倾向。强调读、写、算等基础知识与基本技能，实施严格的纪律，开展学习上的竞争，采用标准化测验，实行能力分组，增加家庭作业，加强爱国主义与道德品质教育。这一运动客观上为美国20世纪80年代的教育改革做了准备。

3.《1944年教育法》［首都师范大学2010研］

答：《1944年教育法》是指第二次世界大战后英国政府为恢复因战争被破坏的教育系统，于1944年通过的以巴特勒为主席的教育委员会提出的教育改革方案，又称《巴特勒教育法》。《1944年教育法》是英国教育史上一个极其重要的教育法令，它决定了英国战后教育发展的基本方针和政策。它对中央和地方权限的调整，建立了比较符合英国文化教育传统和不同党派利益的教育领导体制。双轨制的结束及初等、中等和继续教育相互衔接的国民教育制度，确定了“人人受中等教育”的观念，扩大了国民教育的机会，《1944年教育法》是英国教育制度的主要基础。

4.《学校教育法》

答：《学校教育法》是日本依据宪法及《教育基本法》于1947年3月颁布的法律。该法废止战前作为敕令的各种学校令，成为战后教育改革的依据。基本思想是：①学校制度单一化；②延长义务教育年限；③扩充教育机会；④消除男女差别；⑤尊重教育自主；⑥教育内容民主化和弹性化，除小学、初中、高中、大学、高等专门学校、盲校、聋校、养护学校及幼儿园外，还有设置专修学校和各种学校的有关规定。共9章，另有附则，共计108条，另制定了实施令及实施规则。前者规定就学义务、盲聋等身心缺陷程度及技能教育设施；后者规定《学校教育法》实施的必要事项等。为适应学校教育情况的变化，曾多次修订，《学校教育法》的颁布，否定了战时军国主义教育政策，为战后日本教育指明了发展的方向。

三、辨析题

1958年美国颁布的《国防教育法》旨在通过学校教育提高全民的国防教育。［统考2018年研］

答：该观点错误，理由如下：

（1）国防教育法产生的背景

在苏联于1957年发射了第一颗人造地球卫星之后，美国的教育首当其冲地受到了猛烈的抨击。许多人认为，因为教育的失败而造成了科学技术进步缓慢，被苏联抢先一步。教育界的人士承认学校教育的失责，努力分析教材教法的得失，力求革新科学教材的内容与教法。联邦政府也改变了对教育的态度，增拨大量教育资金，帮助各州教育的发展以及促进各种科学的研究。这一行动具体表现在1958年颁布的《国防教育法》上。

（2）国防教育法的具体内容

《国防教育法》的主要内容是通过增拨联邦政府的教育经费来迅速提高美国的教育质量。

它规定从 1959 年至 1962 年的四年内拨款 8 亿多美元。具体拨款补助的项目包括：

①增加学生贷款，以鼓励学生进一步努力学习。

②加强科学，数学和现代外国语，即“新三艺”的教学。

③设立国防研究奖学金，学习优秀的大学生可得到奖学金和获得进行科学研究的机会。

④进行指导人员的训练及增进指导和选拔天资优越的学生。

⑤设立语言研究学习中心及训练班。

⑥研究和试验如何更有效地使用电视、电影，收音机以及与教育有关的视听设备。

⑦加强职业教育。

⑧发展科学新闻的传播媒介。

⑨进一步改善各州的教育统计，等等。

(3) 国防教育法的影响

这一个教育立法使得美国的教育方针、制度、经费、内容和方法以及许多具体的教育措施产生了显著的变化。此后，美国联邦政府于 1959 年又派遣教育考察团赴苏联考察。返国后，考察团以鲜明的对比指出苏联的教育质量已超过了美国，并极力提倡教育改革。1964 年，美国国会通过了《国防教育法修正案》，对国防教育法的延长与扩展做了规定。1967 年，美国国会对包括《国防教育法》《中小学教育法》和《高等教育法》在内的一些重要的联邦教育法令又通过了增加内容和延长时间的修正案。在美国的现代教育发展中，《国防教育法》曾起着极其重要的方向性的作用。

《国防教育法》的目的是提高基础教育质量和倡导精英教育，不是关于国防教育的，观点错误。

四、简答题

1. 简述二战后日本政府颁布的《学校教育法》的主要内容。[统考 2015 年研]

答：战后日本采取了经济兴邦的战略，1947 年颁布的《教育基本法》和《学校教育法》是战后日本教育改革的开端。《学校教育法》由 9 章 108 条构成，法案的主要内容如下：

(1) 废除中央集权制，实行地方分权，中央文部省权力被削弱，新设教育委员会管理各地学校行政事务。

(2) 采用六三三四制单轨学制，延长义务教育年限，原来的六年义务教育延长到九年。儿童 6 岁入学，男女儿童教育机会均等，一律实行男女同校制度。小学阶段培养儿童用科学态度观察、处理日常生活中遇到的自然现象的能力，正确理解人类相互关系等。小学必须使用经文部大臣审定的教科书或以文部省名义著作的教科书，教科书要符合教育目标的精神。

(3) 高级中学以履行普通教育和专门教育为目的。从设课上看分为单科制和综合制。单科制高中是只设专业的高中，又称职业高中。从时间上看分为全日制和定时制。定时制高中学制有时超过四年，但课程与全日制高中相同，毕业生也可以升大学。

(4) 将原来多种类型的高等教育机构统一成为单一类型的大学。大学以学术为中心，传授和研究更高深的学问，培养学生研究和实验的能力。大学一般为四年制，医科及口腔科大学为六年制，实行学分制，毕业合格者获学士学位。在大学基础上设研究生院。

此外，《学校教育法》还对教员、校长、教育经费、教育行政管理，以及幼儿园教育、特殊教育等做了一些规定。

2. 简述法国师范教育的特色。［华东师范大学 2004 研］

答：法国政府为了克服学生的学业失败，提高学生的学习质量，进行了一系列师范教育改革，使其师范教育独具特色，给别国以重大的借鉴意义。法国师范教育的特色主要表现在以下几个方面：

（1）建立大学的教师培训学院，提高初等教育教师的培养规格

法国政府规定，在各学区建立大学的教师培训学院，取代原有的师范学校、地区教育中心、学徒师范学院、技术教育教师培训中心等机构，统一负责对中小学教师职业前培训和在职培训。大学的教师培训学院招生目标为读完大学三年级，并获得学士学位者，本身学制 2 年。

（2）为有意从事教师职业的大学生设置专门津贴

为增强教师职业的吸引力，法国师范教育的另一项措施是为有意从教的大学生设置专门津贴。学院学生如在第一年学习结束并通过了教师资格考试，即获得实习教师资格，其在学院的第二年学习可领取实习教师工资。可以说，这一优惠政策对青年人产生了巨大的吸引力，极大调动了他们从事师范事业的积极性。

（3）提高教师的工资待遇

法国政府一方面继续提高在职中小学教师的工资，切实落实教师工资外应当得到的诸如课外辅导、方向指导等由国家规定的各种津贴。另一方面，政府为通过大学的教师培训学院培养的新教师制定了新的工资标准。

3. 《巴特勒法案》的主要内容是什么？［南京大学 2003 研］

答：《巴特勒教育法》即《1944 年教育法》，由英国教育大臣巴特勒于 1944 年颁布。该法案的中心内容在于调整教育领导体制以及谋求初等教育与中等教育的衔接，是英国战后教育改革的法律基础。其主要内容为：

（1）废止教育署，改设教育部，加强国家对教育的控制和领导。

（2）重建十年制义务教育系统，废除双轨制，确认初等教育（5～11 岁）、中等教育（11～18 岁）和继续教育（为离校青少年而设）是连续的三个阶段。

（3）进行中等教育的学校有文法学校、技术中学和现代中学三种，儿童 11 岁后参加国家规定的考试，进而分流。

（4）设立大学生奖学金，以帮助有才华的学生考入大学或其他高等教育机构。

（5）将教会学校纳入国家教育体制，并规定在所有公立和私立学校进行宗教教育。

《巴特勒教育法》是英国教育制度发展史上的一项重要法令，它决定了英国战后教育发展的基本方针政策。

五、论述题

1. 评述 20 世纪 60 年代美国的课程改革。［东北师范大学 2010 研］

答：20 世纪 60 年代，美国的教育改革主要在三个方面进行：一是中小学的课程改革；

二是继续改善教育机会不平等问题；三是发展高等教育，提高高等教育质量。

（1）中小学的课程改革

①内容

1959 年 9 月，美国科学院邀请 35 位科学家、教育家、心理学家汇集到一起，讨论中小学课程改革问题。心理学家布鲁纳做了以《教育过程》为名的总结报告，报告以布鲁纳的结构主义课程观为主导，其基本思想可以概括如下：

a. 强调早期教育，发掘儿童智力潜力。

b. 逐级下放科学技术课程，缩短高级知识与初级知识的距离。

c. 用结构主义教育思想做指导，编制结构课程，并使之与教学过程结构和儿童的智力发展结构相适应，成为儿童可掌握的内容。

d. 鼓励学生用探索的发现式方法学习。

②评价

这次会议为 60 年代美国中小学校课程改革指出了方向，掀起了课程内容与教学方法的改革运动，目的在于提高中小学的教育质量。但会后由科学家和部分教师编制的新教材难度太大，又缺少教学法经验，脱离了中小学实际，大多数教师不能使用，学生也不感兴趣，没有达到预期效果。

（2）继续解决教育机会不平等问题

①内容

1965 年，美国国会通过了《中小学教育法》。法案肯定了自 50 年代末开始的教育改革，重申了黑人、白人学生合校教育的政策，制定了对处境不利的儿童的教育措施：

a. 制定出中小学教育目标：小学目标是加强普通文化科学知识的教育，为将来接受专业教育打好基础；中学目标是为培养未来的学者、专家打下基础，为高等学校输送合格生源做准备。

b. 要求政府拨巨款奖励推动黑人、白人学生合校的工作。规定建立处境不利儿童教育全国顾问委员会，全国残疾儿童咨询委员会和残疾儿童训练局等。

②评价

从 1957 年至 1965 年的这些教改措施对促进美国现代教育与科技发展有重要影响。中小学教育法的指导思想仍是强调文化科学知识的传授，明确指出中学应为向高校输送人才做准备，这一指导思想是与战前由实用主义教育理论为基础的指导思想迥然不同的。

（3）发展高等教育，提高高等教育质量

①内容

60 年代美国颁布了高等教育法案，法案强调大力培养科技人才，促进科技进步，增加对高等院校拨款，提高教学质量。

②评价

高等教育法对美国战后职业教育的新发展和战后高等教育的发展方向制定了具体的法律依据。

总之，这些改革极大地增强了美国的综合国力及其在世界上称霸的实力。同时，美国的高等教育结构发生了重大变化，以大学本科生教育为高等教育主体的格局开始发生动摇，二年制初级学院发展较快，成为美国高等教育的突出特征之一。

2. 分析总结一下二战后欧洲教育改革的基本趋势。［上海交通大学2002研］

答： 为了在竞争中取得优势，欧洲主要国家都开始采取一系列的措施，进行战后的教育改革。其教育改革的基本趋势主要表现在以下几个方面：

（1）战后欧洲主要发达国家都用立法的形式保障其普及义务教育的实施

普及义务教育成了各国教育发展的基础，成了提高国民素质的必由之路。各国普及义务教育的年限呈现了不断延长的趋势。

英国的《巴特勒教育法》提出了对所有学生提供免费中等教育的原则，使中等教育成为连接初等教育和继续教育或高等教育的中间环节，消除了战前"双轨制"的初等教育体制。法国1959年《教育改革法》出台，规定义务教育的年限由战前的6至14岁延长至16岁，并规定到1969年完全实现这一目标。

（2）教学内容的更新、课程体系的改革受到了各国普遍关注

英国1988年制定的核心课程、基础课程和附加课程体系，法国1982年实施的信息交流和传播工具入门计划，都是课程改革尝试。教学内容和课程体系改革的指导思想是让学生在有限的时间内学到更加基本的、科学的、实用的、反映时代发展要求的知识，并形成相应的技能。

（3）职业技术教育已被各国视为促进经济发展的前提条件而加以改革

在改革中，联邦德国的"双元制"是探讨职业教育的新模式，"双元制"就是一面在工厂企业培训中心接受实际操作性的训练，一面在职业学校进行理论知识的学习。在英国出现的"城市技术学校"，则是一种全新的学校类型，冲破了过去职业技术教育和普通教育分校实施的体制。法国在70年代为保障其在世界上工业和科技某些方面的优势地位，比较注重职业技术教育，注重人力资源开发，促进教育为社会经济发展服务。70年代中期，法国颁布的普通中小学职业教育的法案，标志这方面的教育改革达到高潮。

（4）师范教育改革的重点是不断提高教师的质量

为了加强师范教育、提高教师素质，各国均采取了有效的改革措施，英国的《詹姆斯报告》是其中较有影响的文件，它提出了一个全新的教师职前教育和在职培训计划，即著名的"师资培训三段法"，把师资培训分成由个人高等教育、职前教育专业训练和在职进修三个阶段构成的统一体。

在各国的师范教育改革中，延长教师职前年限、师范院校向综合大学方向发展、对教师资格严格考核、为教师提供在职学习进修机会等，是各主要发达国家的普遍经验。

（5）高等教育的改革出现了许多值得肯定的迹象

战后各国普遍实施拓宽大学课程领域、更新大学专业设置的改革，英国创办的"开放大学"，成了各国效仿的样板。"开放大学"主要以成年人为教育对象，以现代化的教学手段和灵活的教学方式进行教学，为英国高等教育的发展注入了活力，被许多国家所效法。

（6）教育管理领导体制也有一些新的变化

各国在保留自己管理领导体制特色的同时，也在不断总结经验教训，开展一些改革。例如，英国传统的中央、地方两级管理体制出现向加强中央领导倾斜的迹象；而法国则开始逐步下放一些教育权力给地方。教育管理领导体制改革的趋势是保留传统特色，学习别

国经验，取长补短，不断完善。

（7）各主要发达国家教育改革的动力是在国际竞争中取得优势

除了 50 年代末美国的《国防教育法》、联邦德国的《总纲计划》，是对苏联卫星上天做出的一种反应外，70 年代和 80 年代的教育改革还出现了紧锣密鼓的气势，教育改革的幕后均隐含着政治、经济、科技、军事等方面的激烈较量。80 年代末，各国教育改革的目标都不约而同地把为下个世纪培养人才、迎接新世纪的挑战提了出来。这预示着 21 世纪国际竞争必然缺少不了教育的因素。

第23章　第二次世界大战后苏联和俄罗斯的教育

23.1　复习笔记

【知识框架(庖丁解牛)】

- 第二次世界大战后苏联和俄罗斯的教育
  - 二战后初期至20世纪50年代中期苏联教育的恢复与发展
    - 二战后初期教育的恢复
    - 20世纪50年代中期教育的发展
  - 20世纪50年代后期至80年代苏联的教育改革
    - 1958年的教育改革
    - 1966年至20世纪70年代前期的教育改革
    - 1977年~1987年的教育改革
  - 凯洛夫《教育学》的教育思想体系
    - 历史背景和思想基础
    - 《教育学》的教学论
    - 《教育学》的德育论
  - 赞科夫的教育实验及其发展性教学理论
    - 开展"教育与发展关系问题"课题研究的背景
    - 赞科夫的教育实验
    - 赞科夫的发展性教学理论
    - 赞科夫教育思想的评价
  - 巴班斯基的教学过程最优化理论
  - 俄罗斯联邦的教育
    - 俄罗斯国民教育体系的构成
    - 俄罗斯教育的几项重要改革

【考点归纳(游刃有余)】

考点一、二战后初期至20世纪50年代中期苏联教育的恢复与发展

1. 二战后初期教育的恢复

表23-1　二战后初期教育的恢复

要点	具体内容
背景	纳粹德国在二战中对苏联的建设和文化教育破坏严重
措施	1946年苏联通过《关于恢复与发展国民经济的五年计划(1946~1950)的法令》，把教育事业的恢复也纳入其中

续表

要点		具体内容
结果	普通教育	五年计划中恢复和发展学校网的任务提前、超额完成
	高等教育	学校总数在 1947 年底已经达到战前水平，招生人数在 1950 年比战前增加
	职业教育	50 年代初，中等技术学校和中等专业学校数量与学生人数大幅增长，培养大批初级和中级的技术人员与技术工人

2. 20 世纪 50 年代中期教育的发展

表 23－2　20 世纪 50 年代中期教育的发展

要点	具体内容
义务教育	战后第一个五年计划提出保证 7 岁以上的儿童都接受义务教育，战时中断学业的青年都能在七年制学校或十年制完全中学接受教育。各加盟共和国在 1955 年都基本完成任务
高等教育	取消或合并水平低、条件差的学校，在校人数增加，函授教育和夜校教育也有所发展
师范教育	①改进师资培养，基本取消专科师范院校，由综合大学培养中学初级阶段的教师。 ②师范学院开展教育科学研究，提高教学水平

考点二、20 世纪 50 年代后期至 80 年代苏联的教育改革

1. 1958 年的教育改革

表 23－3　1958 年教育改革

要点	具体内容
必要性	①适应现代化生产对劳动者和技术人员的要求。 ②改变过去学校教学和生产劳动相脱离的问题
开始标志	1958 年出台《关于加强学校同生活的联系和进一步发展全国国民教育制度的法律》
普通教育	①确立新的办学目标。 ②将普及教育的年限从七年延长至八年。 ③中等教育由青年学校、普通中学和职业技术学校三种类型的机构实施。 ④八年制学校的教学应和公益劳动相结合
职业学校和技术学校	①改组原有体制，设立城市和农村职业技术学校。 ②继续改进中等专业教育制度，开办以八年制学校为基础的中等专业学校
高等教育	①以培养精通科学和技术的人才为使命。 ②优先录取有实践工作经历的人。 ③重视重点大学建设和尖端专业的发展。 ④开办夜大和函授学校
结果与问题	《法律》虽然得到了落实，也加强了各级教育，但是生产教育与劳动活动比例过大、招生标准影响招生工作、劳动力缺乏的时代环境不适合延长教育年限，这些问题使改革没能成功，1964 年中央发布文件，改革告一段落

2. 1966年至20世纪70年代前期的教育改革

表23-4 1966年至20世纪70年代前期的教育改革

要点	具体内容
改革原因	适应国际竞争、消除1958年改革的消极影响
几种改革文件	①1966年通过《关于进一步改进普通中学工作的措施》，对中学课程改革提出具体要求。 ②1972年通过《关于完成向青年普及中等教育的过渡和进一步发展普通学校的决议》《关于进一步改革职业教育体系的决议》《关于进一步改进全国高等教育的措施的决议》，分别对普通教育、职业教育和高等教育的改革提出了要求，为教育立法做了准备。 ③1973年通过《苏联和各加盟共和国国民教育立法纲要》，以法律形式肯定了60年代中期以来的改革

3. 1977年~1987年的教育改革

表23-5 1977~1987年的教育改革

改革文件	时间	具体内容
《关于进一步完善普通学校学生的教学、教育和劳动训练的决议》	1977	①普通中学是统一的劳动综合技术学校。 ②普通中学的主要任务是使学生深入掌握知识，适应国民经济工作的需要。 ③增加劳动教学时间，加强职业指导
《普通学校和职业学校改革的基本方针》	1984	①大力提高教育教学质量的同时重视全面和谐发展。 ②彻底改善普通学校的劳动教育教学和职业定向工作，完成向青年普及职业教育的过渡。 ③形成了四五二学制
《苏联高等和中等专业教育改革的基本方针》	1987	提高和保证专门人才的培养质量，使之适应飞速发展的科学技术和国家社会经济对教育的要求

考点三、凯洛夫《教育学》的教育思想体系

1. 历史背景和思想基础

凯洛夫(1893~1978)是20世纪40~50年代苏联教育界最主要的代表人物，他主编的《教育学》是苏联教育理论发展的经典代表，构建了苏联社会主义教育理论体系。

表23-6 历史背景和思想基础

要点	具体内容
历史背景	①20世纪30年代后期，卫国战争胜利，国家采取种种措施恢复经济与文化教育。 ②斯大林模式的社会主义体制在苏联确立，基本实现国民经济的技术改造和社会主义工业化，农业也走上集体化和机械化道路
思想基础	①马列主义哲学和马、恩、列、斯关于文化和教育的学说。 ②批判改造过的教育学、学校和其他教育机关工作和发展的历史经验。 ③苏联学校和其他教育机关的现代工作经验以及家庭教育经验

2.《教育学》的教学论

表 23－7　凯洛夫《教育学》的教学论

要点	具体内容
教学过程	①是学生获得间接经验的过程，是获得知识的过程，其中有对知识的巩固环节，过程中应有计划地发展儿童的智力、道德和体力。 ②从感知到在实践中检验知识，教学过程可以分为六个环节
教学原则	直观性原则，自觉性与积极性原则，巩固性原则，系统性与连贯性原则，通俗性与可接受性原则
教养与教学内容	①具体表现在教学计划、教学大纲和教科书中。 ②教学计划包括自然科学、社会科学及艺术与思维科学，共 21 门学科。 ③教学大纲是基本指导文件，应体现教学原则。 ④教科书包括基本原理与学生独立学习的材料，是学生必须领会的知识
教学组织形式与方法	①肯定了班级授课制，并将其作为教学基本组织形式。 ②教学方法有谈话、参观、阅读书籍、实验室作业，以教师的口授为重点

3.《教育学》的德育论

表 23－8　凯洛夫《教育学》中的德育论

要点	具体内容
德育任务	培养苏维埃爱国主义精神、社会主义的人道主义精神、集体主义精神、对劳动和社会公共财产的社会主义态度、自觉纪律、布尔什维克的意志与性格特征等
德育内容	①培养对社会主义祖国的热爱。 ②培养对压迫者和压迫的憎恶之情。 ③培养友爱、团结、互助精神。 ④培养习惯于服从是纪律与对劳动的自觉态度。 ⑤培养为人民服务的决心
德育原则	共产主义的目的性与思想性，适应儿童发展水平，连续性，严格要求与尊重学生人格相结合，通过集体进行教育等
德育方法	教学，说服法，练习法，儿童集体组织法，奖惩法

考点四、赞科夫的教育实验及其发展性教学理论

1. 开展“教育与发展关系问题”课题研究的背景

表 23－9　开展“教育与发展关系问题”课题研究的背景

要点	具体内容
1950 年	斯大林发表《马克思主义和语言学问题》，引发关于教育专门特点和研究方向与任务的讨论，儿童教育与发展之间的关系问题被提出
1954 年	凯洛夫在教育学工作者会议上的报告论述了教学论和教学理论中存在的缺陷，提出对教育与发展之间的相互关系进行深入研究，还必须开展教育实验

续表

要点	具体内容
1956 年	苏共中央掀起批判个人崇拜和教条主义的运动，有利于研究教育与发展的关系以及根据科技革命的发展需要和教育自身发展规律进行关于二者的研究

2. 赞科夫的教育实验

赞科夫(1901～1977)是苏联心理学家和教育家、教育科学院院士，他以研究“教学与发展”的关系著称，提出了发展性教学理论。1957 年，他主持了由苏联教育科学院建立的“教育与发展实验室”，开展了教学与发展问题的研究。

表 23－10 赞科夫的教育实验

要点	具体内容
实验任务	为探讨教学过程中的科学教育学原理找到新的原则、规则和要求
实验过程	①第一阶段的实验室初步设立小学教学的新体系。 ②第二阶段的实验产生新的教学结构并证明了它的广泛适用性。 ③第三阶段的实验编写了专用的教科书和教学指导书《小学教学新体系》
实验评价	目的明确、计划周全、分布广泛，以矛盾论和系统论制定的实验方案引进实验心理学和心理分析方法，将实验教学体系和传统教学体系进行对照研究，发展性的教学理论在实验过程中逐步形成

3. 赞科夫的发展性教学理论

(1)一般发展与教育实验方案的制定

赞科夫认为，传统的重知识传授和技能训练的小学教学体系不利于创造性人才的培养，必须对其进行根本改革，而实现这种改革的教学论核心是：教学过程要使学生的一般发展取得成效。

表 23－11 一般发展与教育实验方案的制定

要点	具体内容
一般发展的含义	①是人个性的发展。 ②既不同于特殊发展，又有别于智力发展。 ③包括智力发展，而且包括情感、意志、道德品质、个性特点和集体主义精神的发展，还应当包括身体的发展
发展与教育的关系	教学、教育和发展是相互依赖关系，儿童发展的源泉是内部矛盾
教育实验方案的制定	考虑教育影响的整体性、综合性和全面性

(2)发展性教学的原则

表 23－12 发展性教学的原则

原则	具体内容
以高难度进行教学	①该原则在其实验教学体系中起决定性作用。 ②学生需要通过努力克服障碍，增加系统的理论知识分量，难度控制在“最近发展区”
学习时以高速度前进	教学不断地向前运动，克服多余的重复、烦琐的讲解和机械的练习

续表

原则	具体内容
理论知识起主导作用	使说明现象的相互依存性及其内在的本质联系的系统知识，在小学教学内容的结构中占主导地位
使学生理解学习过程	教会学生总结学习方法，学会分析、比较、综合、归纳
使所有学生都能得到一般发展	①针对传统教学将掌握知识与获得发展混同起来的错误而提出。 ②成绩好的学生不一定在发展方面也是优等

4. 赞科夫教育思想的评价

表 23－13　赞科夫教育思想的评价

要点	具体内容
成就	系统的发展性教学理论强调教学要着眼于使学生获得一般发展，扩大了发展的内涵，以矛盾论和系统论为理论基础，从整体性的观念出发研究儿童心理发展进程，强调了揭示和研究学生精神需要各种表现的必要性
影响	①教育实验成果为苏联学制改革提供依据。 ②发展性教学理论的一些观点被苏联教育理论界接受
局限	①从儿童心理的角度研究教育，忽略社会政治和道德对教学的要求。 ②强调在发展的基础上提高学生的智育水平，过度强调认知。 ③实验初期全盘否定了传统教学理论

考点五、巴班斯基的教学过程最优化理论

尤·康·巴班斯基是苏联著名的教育家、教学论专家，发表学术著作《教学过程最优化——一般教学论方面》《怎样实施教学过程最优化》，在学术杂志上发表多篇论文，主编苏联师范学院教学参考书《教育学》。

表 23－14　巴班斯基的教学过程最优化理论

要点	具体内容
历史背景	①八五计划基本完成普及十年义务教育的任务，普通学校的教育质量符合现代科学水平的要求。 ②停止赫鲁晓夫发动的劳动教育改革。 ③苏联完成了全面修订和重编中小学教学计划、教学大纲和教科书
思想依据	①马列主义经典作家关于活动的理论及其辩证法的指导作用。 ②辩证唯物主义的系统方法和关于真理具体性的原理。 ③苏联教育家的著作和心理学家的研究成果
教学过程最优化的含义	是指根据社会所确定的培养目标和具体教学任务，考虑师生的具体情况，按照教学的规律性和教学原则要求，选择适当的教学形式、方式和方法来制订一个最佳的工作方案，然后灵活机动地实施这一方案以取得最佳效果的过程
教学论思想体系	①用系统方法的整体观说明教学过程结构的基本成分。 ②用系统－结构法研究和说明教学的规律性。 ③根据教学规律性的研究并按教学过程结构成分的划分建立教学原则体系。 ④教学形式和教学方法的最优化

考点六、俄罗斯联邦的教育

1. 俄罗斯国民教育体系的构成

表 23－15　俄罗斯国民教育体系的构成

要点	具体内容	
普通教育	主要任务	传授基础知识，培养一般文化素养，为掌握职业技能奠定基础
	教学大纲	幼儿园、小学、初中、高中四个部分
	学校类型	普通中等教育学校、集美纳佳学校、利才学校、特科学校等八种
职业教育	定义	普通中等教育之后的正规教育
	分类	初等职业教育、中等职业教育、高等职业教育、大学后职业教育
补充教育	定义	规范化、系统化的校外教育
	机构	进修学院、职业定向中心、各类音体美学校等
	实施情况	在普通教育和职业教育机构以及专门的补充教育机构中实施

2. 俄罗斯教育的几项重要改革

表 23－16　俄罗斯教育的几项重要改革

主要改革	具体措施
办学体制的改革	多种机构和企业、团体、协会都可以创办教育机构，私立学校规模扩大
实行国家统一考试	普京时代最重要的改革举措，为维护教育公平而实施，经过八年逐渐全境铺开，是俄罗斯深层次教育改革的重要内容
实施“侧重专业性教学”	体现在高中阶段的教育改革，通过调整教学结构、内容和教学组织形式，促进高中教学的个别化和细分化为个性化教学提供可能
加入欧洲教育一体化进程	为与国际教育接轨并融入欧洲高等教育空间，2003 年加入“博洛尼亚进程”，2007 年起正式实行与国际接轨的学士硕士两级高等教育体制

23.2　典型题（含考研真题）详解

一、单项选择题

1. 提出“只有当教学走在学生发展前面的时候才是好的教学”这一命题的教育家是（　　）。[统考 2014 年研]

A. 凯洛夫　　B. 赞科夫　　C. 苏霍姆林斯基　　D. 阿莫纳什维利

【答案】B

【解析】赞科夫主要是通过他的“教育与发展关系问题”实验来发展苏联的教育理论的。其代表作有：《和教师谈话》《教学与发展》等。赞科夫赞同苏联心理学家维果斯基提出的教学与发展关系的观点和“最近发展区”理论。赞科夫高度评价了维果斯基关于教学与发展问题的思想，并以此作为自己实验的理论基础，提出教学、教育和发展之间有着复杂的相互依赖关系。他提出了 5 项教学论体系的新原则：以高难度进行教学的原则、在学习时高速度前进的原则、理论知识起主导作用的原则、使学生理解学习过程的原则、使班上所有学生都得到一般发展的原则。“只有当教学走在学生发展前面的时候才是好的教学”即体现了这样的教学原则。

2. 凯洛夫《教育学》曾对我国教育理论与实践产生过重大影响，其思想的主要特点是(　　)。[统考 2013 年研]

A. 用心理学解释教学过程

B. 强调教学过程最优化

C. 强调知识的系统学习和教师的主导作用

D. 重视智力发展和创造性培养

【答案】C

【解析】凯洛夫的《教育学》基本吸收了赫尔巴特的教育思想，其主要特点是重视智育在全面发展中的地位和作用，强调教师在教育和教学中的主导作用。

二、简答题

冷战时期苏联的教育变革有何特点?

答：冷战时期苏联的教育主要采取了以下变革措施：

(1)普及七年制义务教育

为了提高苏联民众的科学文化素养和受教育水平，1949 年俄罗斯联邦做出了普及七年制义务教育的决定，到 1952 年，在全苏联基本完成了普及七年制义务教育的任务。

(2)教育与生产劳动相结合

1958 年 12 月苏联最高苏维埃主席团为解决中学生升学与就业的矛盾提出了《关于加强学校同生活的联系和进一步发展苏联国民教育制度的法律》(以下简称《法律》)。《法律》明确要求“所有青年从 15 ~ 16 岁起，必须参加力所能及的公益劳动，并且必须使他们的全部后续教学同国民经济部门的生产劳动结合起来”。

(3)提高教育质量、提高人民文化知识和技术知识水平

1966 年 11 月，苏共中央和苏联部长会议做出《关于进一步改进中等普通教育学校工作的措施的决议》(以下简称《决议》)。《决议》规定教学内容要符合科学、技术和文化发展的要求，有一定数量的学校或班级供 9 ~ 10(11)年级学生加深学习数学、计算机技术、物理和无线电电子学、化学和化学工艺学、生物和农艺学、人文学科等，以使有才能的学生得到更好的发展。

(4)重视职业教育

1977 年 12 月做出了《关于进一步完善普通教育学校学生的教学、教育和劳动训练的决议》(以下简称《决议》)。《决议》中指出，中学生除了要学习深厚的科学基础知识外，还要学习国民经济部门工作的劳动技能，认真掌握一定的职业知识，学校要对学生进行劳动训练，以便使学生做好择业的准备，加强教学的综合技术方向性和实践方向性；向青年普及职业教育。

第 24 章　苏霍姆林斯基的教育实践和教育思想

24.1　复习笔记

【知识框架(庖丁解牛)】

苏霍姆林斯基的教育实践和教育思想
- 苏霍姆林斯基的教育理论与实践
- 苏霍姆林斯基的成就与影响

【考点归纳(游刃有余)】

考点一、苏霍姆林斯基的教育理论与实践

苏霍姆林斯基(1918～1970)是第二次世界大战后苏联最有影响的著名教育实践家和教育理论家。

表 24－1　苏霍姆林斯基的教育理论与实践

要点	具体内容	
学校教育	目标	培养全面和谐发展的人、社会进步的积极参与者
	具体表现	①是社会物质生产领域和精神生活领域中的创造者。 ②是物质和精神财富的享用者。 ③是有道德和文化素养的人，是人类文化财富的鉴赏者和细心的保护者。 ④是积极的社会活动者、公民。 ⑤是树立于崇高道德基础之上的新家庭的建立者
和谐的教育	观点	将人对客观世界的理解和认识与人的自我表现这两种职能相互配合、得到平衡
	措施	重视劳动与精神生活相统一的创造性劳动
德智体美劳育	观点	主张按照诸育相互联系、相互渗透的观点进行德育、智育、体育、美育、劳动教育
	具体表现	①德育在全面和谐的教育中应占有主导的地位，学校中的任何工作都应当包含道德教育的意义，发挥德育的作用。 ②智育本身包含着兼施德育的职能，与劳动教育也有密切联系。 ③体育自身以及对培养道德、美感和进行智育均有重要作用。 ④美育是道德纯洁、精神丰富和体魄健全的有力源泉。学校只有借助美育才能完成发展学生的能力与智慧、进行情感教育的任务。 ⑤劳动教育和德育、智育、体育、美育不可分割、相辅相成，是人全面和谐发展的关键

续表

要点	具体内容	
学校教育与家庭教育的和谐	观点	①最完备的社会教育就是学校－家庭教育。 ②强调母亲教育修养的重要性。 ③重视学前儿童在家庭中的情感教育
	措施	在帕夫雷什中学开办家长学校

考点二、苏霍姆林斯基的成就与影响

表 24－2　苏霍姆林斯基的成就与影响

要点	具体内容
成就	①苏霍姆林斯基的教育思想体系，是他自觉地以马克思主义方法论为指导，在批判地吸取前人遗产和总结苏联教育的历史经验的基础上，从理论与实践的结合上研究个性全面发展问题的成果。这是他对发展苏联教育理论和实践所做出的主要贡献。 ②他一生著有 50 多部专著和小册子，600 多篇论文，1500 篇供孩子们阅读的故事和童话，著作被译成 30 多种语言出版
影响	①他的教育思想对 20 世纪 70～80 年代苏联教育理论的发展产生影响，巴班斯基、阿莫纳什维利等教育家和教育工作者均受其影响。 ②在中国教育界也受到广泛关注并产生影响

24.2　典型题(含考研真题)详解

简答题

简述苏霍姆林斯基的学校教育思想。

答：苏霍姆林斯基的个性全面和谐发展的理论是一个内容异常丰富的教育学思想体系，其核心是要使全体学生都得到全面和谐的发展。因此，学校教育的培养目标就是“培养全面和谐发展的人、社会进步的积极参与者”。

(1)为了培养全面和谐发展的人，就必须深入地改善整个教育过程，实施和谐的教育。学校要创造一些条件和相应的环境，使学生的天赋才能和业已形成的内在的精神财富得以充分表现，要把学生认识世界的过程，与他参加改造客观世界的表现和自我教育的过程有机地结合起来。

(2)反对过去片面强调学习间接知识、强调课堂教学和教师主导作用的教学和教育的理论，提倡教育和创造性劳动的结合，课堂教学与课外、校外教育的结合，教育与自我教育的结合，使整个教育教学过程得到根本改造。

(3)注重发挥各种教育活动的综合作用，要使智育、体育、德育、劳动教育和审美教育深入地相互渗透和相互交织，使这几方面的教育呈现为一个统一的完整过程。

总之，苏霍姆林斯基希望通过学校教育充分发展学生的个性、精神与才能，使每个学生都能健康成长，并能获得人生的幸福。他的这些思想灵活运用了马列主义基本原理，符合共产主义教育的本质。

第 25 章　现代欧美教育思潮

25.1　复习笔记

【知识框架（庖丁解牛）】

- 现代欧美教育思潮
  - 改造主义教育思潮
  - 新传统教育思潮
    - 要素主义教育
    - 永恒主义教育
    - 新托马斯主义教育
  - 以哲学为基础的教育思潮
    - 存在主义教育
    - 分析教育哲学
  - 以心理学为基础的教育思潮
    - 新行为主义教育
    - 结构主义教育
    - 人本主义教育
  - 作为未来教育战略的终身教育思潮
  - 多元化教育思潮

【考点归纳（游刃有余）】

考点一、改造主义教育思潮

作为实用主义教育的分支，改造主义由美国教育家杜威在《哲学的改造》一书中提出。

表 25－1　改造主义教育思潮

要点	具体内容
含义	把“社会改造”作为主要目的，以学校为“社会改造”主要工具的教育思潮
产生与发展	20 世纪 30 年代从实用主义教育和进步教育中逐渐分化出来，早期代表人物有美国的康茨和拉格，后期以布拉梅尔德为代表，50 年代影响最大
代表文献	①刊物：《社会拓荒者》 ②著作：布拉梅尔德《趋向改造的教育哲学》《教育即力量》
主要观点	①教育应该以“改造社会”为目标。 ②教育要重视培养“社会一致”的精神。 ③教育工作应以行为科学为依据。 ④课程教学应以社会问题为中心。 ⑤教师的主要职责是劝说教育

续表

要点	具体内容
特点	①与实用主义教育有很多相似性。 ②自称“危机时代”的教育理论。 ③具有折中主义的特点，融合了永恒主义教育和要素主义教育的观点
影响	①是实用主义教育在新的社会时期的继续。 ②因停留于空泛的理论、没有切实可行的方案而在教育实践中影响不大

考点二、新传统教育思潮

新传统教育派教育思潮包括要素主义教育、永恒主义教育和新托马斯主义教育，与“现代教育”派教育思潮(实用主义教育、新教育、进步主义教育)相对立，其中要素主义教育最为重要，影响也最大。

1. 要素主义教育

表 25－2　要素主义教育

要点	具体内容
含义	是一种强调学校教育的任务是传授人类文化遗产共同要素的教育思潮
产生与发展	1935 年德米阿什克维奇提出“要素主义”，1938 年组织“要素主义者促进美国教育委员会”标志着形成，1956 年成立“基础教育协会”进入巅峰时期
代表文献	①巴格莱：《教育与新人》《要素主义者促进美国教育的纲领》。 ②科南特：《知识的堡垒》《今日美国中学》《美国师范教育》
主要观点	①学校课程的核心是人类文化遗产的共同要素。 ②教育过程必须是一个严格的训练智慧的过程。 ③学生在学习上必须刻苦和专心。 ④教师应该是整个教育过程的权威人物
特点	①传递民族文化，培养文化同一性。 ②强调课程的系统性、逻辑性和学术性。 ③以严格的训练和严格的考试来保证教学质量。 ④强调教师的权威性
影响	①对美国乃至世界学校教育都产生过很大影响，教育理论和策略曾被采纳为国家的教育政策。 ②因忽视学生兴趣、片面强调基本知识学习而遭到抨击

2. 永恒主义教育

表 25－3　永恒主义教育

要点	具体内容
含义	又称“新古典主义教育”，是一种强调理性训练以及人的理性和教育基本原则的永恒性的教育思潮
产生与发展	20 世纪 30 年代产生，源于对进步主义教育的批评，50～60 年代对教育界影响较大

续表

要点	具体内容
代表文献	①赫钦斯：《美国高等教育》《为自由而教育》。 ②艾德勒：《怎样读一本书》。 ③利文斯通：《保卫古典教育》《教育的未来》。 ④阿兰：《教育漫谈》
主要观点	①教育的性质永恒不变。 ②教育的主要目的在于培养永恒的理性。 ③永恒的古典学科应在学校课程中占有中心地位。 ④学生通过教师的教学进行学习
特点	①强调人的理性。 ②以学习古典名著为培养理性的途径。 ③较为突出的复古主义倾向
影响	①提出的一部分主张包含合理因素，对当代教育有一定的启迪作用。 ②观点大多依赖于哲学思辨，在教育理论上有一定影响，在教育实践上影响不大，复古态度也遭到批判

3. 新托马斯主义教育

表 25－4 新托马斯主义教育

要点	具体内容
含义	是一种以托马斯·阿奎那宗教神学理论为思想基础、提倡基督教教育、培养"真正的基督徒"的教育思潮
产生与发展	20 世纪 30 年代产生于意大利、法国等西欧国家，二战后也在美国流行
代表文献	①教皇庇护十一世：通谕《青年的基督教教育》。 ②马里坦：《教育处在十字路口》《托马斯主义教育观》
主要观点	①教育应当以宗教为基础。 ②教育的目的是培养真正的基督徒和有用的公民。 ③学校课程以基督教精神为基础。 ④教育应该处在教会的严密控制之下
特点	①教育属于教会，宗教色彩浓厚。 ②强调道德教育。 ③宗教与科学互相依赖、补充
影响	①强调宗教教育的同时也提出"现代化""世俗化"，注重精神生活教育，在欧美天主教会学校产生一定影响。 ②宗教色彩浓厚使它的影响不如要素主义教育和永恒主义教育

考点三、以哲学为基础的教育思潮

1. 存在主义教育

表 25-5 存在主义教育

要点	具体内容
含义	是一种以存在主义哲学为价值取向的教育思潮
产生与发展	20 世纪 40~50 年代前后存在主义哲学家开始关注教育问题，70 年代后开始衰落
代表文献	①博尔诺夫：《存在哲学与教育学》《教育学的人类学考察方法》。 ②尼勒：《存在主义与教育》《教育哲学导论》。 ③布贝尔：《我和你》《品格教育》《人与人之间》
主要观点	①教育的目的在于使学生实现自我完成。 ②品格教育在人的自我发展中具有重要作用。 ③学生应能自由选择道德标准。 ④重视个别教学，提倡师生对话。 ⑤教师是学生自我实现的影响者和激励者
特点	①“人的存在”是其研究对象。 ②重视品格教育。 ③提倡个人自由选择
影响	①因其思想主张和特点而在欧美青年学生中影响广泛，对教育理论的影响大于教育实践。 ②过度强调个人意志和自我选择，片面性和偏激性影响其教育实践

2. 分析教育哲学

表 25-6 分析教育哲学

要点	具体内容
含义	是一种用分析哲学的方法和原则研究教育的教育思潮
产生与发展	20 世纪 40~50 年代分析哲学应用于教育领域，50~60 年代成为主流并达到鼎盛
代表文献	哈迪：《教育理论中的真理与谬误》
主要观点	①教育哲学是一种“清思”活动。 ②教育哲学的任务是澄清教育领域的概念和命题。 ③用逻辑实证论和语义分析学的方法研究教育
特点	①用分析哲学的方法研究教育问题。 ②凸显教育哲学的分析批判功能。 ③分析“教育”“教学”“课程”等“元教育概念”
影响	对教育理论的影响在于引起学者在表述教育概念或命题时重视逻辑和语义分析，有助于教育术语的严格使用与分析

考点四、以心理学为基础的教育思潮

1. 新行为主义教育

表 25-7 新行为主义教育

要点	具体内容
含义	是一种运用人类行为及学习过程理论阐释教育和教育问题的教育思潮
产生与发展	20 世纪 30 年代出现在美国，60 年代盛行于美国和一些西方国家
代表文献	①斯金纳：论文《有机体的行为》《学习的科学和教学艺术》，论著《教学机器》《教学技术学》。 ②加涅：《学习的条件》
主要观点	①教育就是塑造人的行为。 ②学生的学习行为可以用教学机器强化。 ③确立程序教学理论，利用机器进行教学。 ④人的学习活动可分为四个要素，学习过程分为八个阶段
特点	①运用新行为主义心理学解决教育和教学问题。 ②学习理论和教学技术是其思想核心，未涉及教育本质和目的。 ③操作性较强
影响	①为计算机辅助教学开辟道路，有助于教学理论的发展。 ②机械主义的特征忽视人的意识和心理在学习中的作用，具有消极影响

2. 结构主义教育

表 25-8 结构主义教育

要点	具体内容
含义	是一种强调认知结构研究和认知能力发展的教育思潮
产生与发展	皮亚杰于20 世纪 30 年代创立发生认识论，60 年代因布鲁纳将认知发展心理学运用于中小学课程改革而确立
代表文献	①皮亚杰：《发生认识论导论》《结构主义》《教育科学与儿童心理学》。 ②布鲁纳：《教育过程》《教学理论探讨》《教育过程再探》
主要观点	①教育应重视学生的认知能力发展。 ②注重掌握各门学科的基本结构。 ③尽早教授学科基础知识，重视儿童早起学习。 ④倡导发现法和发现学习。 ⑤教师是结构教学的主要辅助者
特点	①在教育领域引入系统科学概念与方法。 ②将现代心理学与教育学结合。 ③以课程和教学改革推动教育改革
影响	①提出值得研究的课程教学问题，成为 60 年代美国课程改革的指导思想。 ②过于理想化的某些观点加大了课程教材改革的难度

3. 人本主义教育

表 25－9　人本主义教育

要点	具体内容
含义	是一种以人本主义心理学为基础、以培养自我实现和完整的人为目的的教育思潮
产生与发展	20 世纪 50 年代在美国产生，70 年代盛行
代表文献	①库姆斯：论文《理解，行为，形成——一种新的教育焦点》。 ②马斯洛：《动机与人格》《存在心理学探索》《人性的最佳境界》。 ③罗杰斯：《咨询与心理治疗》《论人的形成》《为了学习的自由》。 ④弗洛姆：《逃避自由》《爱的艺术》
主要观点	①教育的目的是培养自我实现的人。 ②构建"一体化"的人本课程，满足个体自由生长和人格需要。 ③学校应创设自由学习和发展的氛围
特点	①教育的出发点和归宿凸显人的主体性。 ②强调人的理智与情感应和谐一致。 ③注重课程和教学改革
影响	①对西方教育理论和实践产生重要影响，如课程理论成为改革的理论依据。 ②过分强调个人主体性，受到人们的批评

考点五、作为未来教育战略的终身教育思潮

表 25－10　作为未来教育战略的终身教育思潮

要点	具体内容
含义	是一种把教育贯穿人的一生的教育思潮
产生与发展	20 世纪 20 年代在英国产生，50 年代中期在法国兴起，60 年代后广泛传播
代表文献	①耶克斯利：《1919 年成人教育报告》《终身教育》。 ②富尔：报告《学会生存——教育世界的今天和明天》。 ③德洛尔：报告《教育——财富蕴藏其中》。 ④朗格朗：《终身教育引论》
主要观点	①提出终身教育的缘由是应对现代社会中的各种新挑战，如世界变革、人口压力等。 ②终身教育的含义：持续贯穿一生，统一性和整体性、内容和方法不固定，强调个性发展以及打破传统教育体制和方式。 ③终身教育以培养新人和实现教育民主化为目标。 ④终身教育没有固定模式，但可以遵循一定的原则
特点	①注重终身学习和教育的整体性。 ②强调教育民主化。 ③凸显国际性
影响	①是建立学习化社会的象征。 ②成为教育领域改革和发展的战略重点

考点六、多元化教育思潮

表 25－11　多元化教育思潮

要点	具体内容
含义	是一种植根于哲学上平等、自由、正义、尊严等概念，希望通过学校及其他教育机构，提供学生不同文化团体的历史、文化及贡献等方面的知识，使学生了解并认同自己的文化，并能欣赏及尊重他人的文化的教育思潮
产生与发展	起源于美国在20世纪60年代的族群研究，逐渐影响到其他国家和地区
代表文献	①德克雷弗科：《一个美国农人的信札》。 ②赞格威尔：剧本《熔炉》。 ③联合国教科文组织：《世界文化多样性宣言》《保护文化内容和艺术表现形式多样性国际公约》
主要观点	①在对多元文化的认识上，使学生了解不同文化的历史与贡献，帮助处于文化不利地位的学生发展积极的自我概念。 ②在课程与教学方面，构成多元文化课程与教学体系，即四种课程建设和五种多元文化教学模式。 ③在教师教育上，提倡多元文化教师教育，使教师具有多元文化情怀和素养
特点	①对多元文化教育的含义的认知经历了由狭到广的过程。 ②具有深刻的哲学基础和理想追求，基于平等、自由、正义、尊严等概念而发展。 ③具有人道主义精神，如关怀弱势和博爱情怀。 ④承认并肯定文化差异和文化多样性，能够宽容、理解、欣赏多元文化
影响	成为国际性的教育思潮，引发人们对其更广泛和深入的思考

25.2　典型题（含考研真题）详解

一、单项选择题

1. 1999年美国总统签署《2000年目标：美国教育法》该法案颁布与实施的主要目的在于（　　）。［统考2020年研］

A. 实施“生计教育”　　B. 加强“新三艺”教学

C. 构建美国职业教育系统　　D. 确立美国中小学课程的国家标准

【答案】D

【解析】《2000年目标：美国教育法》批准设立“国家教育标准和改进委员会”，同时确立了国家和州级的内容标准、操作标准、学习机会标准和州一级的评价标准。由此，形成了美国一体化的课程标准体系。A项，“生计教育”是20世纪50年代提倡的。B项，“新三艺”是20世纪70年代《国防教育法》的内容。C项，“职业教育系统”是20世纪初《史密斯－休斯法》的内容。

2. 下列著作中，集中体现行为主义教育思想的是（　　）。［统考2019年研］

A. 《民主主义与教育》　　B. 《超越自由与尊严》

C. 《我与你》　　D. 《意识形态与课程》

【答案】B

【解析】《超越自由与尊严》的作者是行为主义理论流派的代表人物斯金纳。A 项，《民主主义与教育》是实用主义哲学家杜威的代表作。C 项，《我与你》是存在主义哲学家马丁·布伯的代表作。D 项，《意识形态与课程》是美国学者阿普尔的著作。

3. 确立法国高等教育“自主自治、民主参与、多科性结构”办学原则的教育法案是(　　)。[统考 2018 年研]

A.《大学令》　　B.《帝国大学令》

C.《高等教育法》　　D.《高等教育方向指导法》

【答案】D

【解析】1968 年法国颁布《高等教育方向指导法》，又称《富尔法案》。《高等教育方向指导法》的主要内容是确立法国高等教育“自主自治、民主参与、多科性结构”的三条原则，要求按照新的原则调整和改组法国的大学，因此答案选 D。

4. 20 世纪 70 年代美国教育改革的主题是(　　)。[统考 2018 年研]

A. 返回基础　　B. 普及科学　　C. 天才教育　　D. 大众教育

【答案】A

【解析】二战后美国的教育改革的主题：20 世纪 50 年代——精英教育；60 年代——结构主义改革；70 年代——返回基础；80 年代——提高教育质量，提高教育标准。

5. 20 世纪 60 年代确立法国高等教育发展的民主自治、多学科原则规定大学是享有教学、行政和财政主权的国家机构的教育法案是(　　)。[统考 2017 年研]

A.《富尔法案》　　B.《哈比改革》

C.《阿斯蒂埃法案》　　D.《郎之万－瓦隆教育改革方案》

【答案】A

【解析】《富尔法案》是法国战后高等教育的重要改革成果，是法国高等教育方向的指导法案。《富尔法案》提出改革高等教育的三条中心原则：①自主自治。②民主参与。③多科性原则。

6.《学会生存——教育世界的今天和明天》指出，第二次世界大战结束以来各国教育面临社会发展的新需求与挑战，存在三种普遍流行的现象，即(　　)。[统考 2015 年研]

A. “教育先行”“终身教育”“为未知社会培养新人”

B. “教育先行”“终身教育”“社会拒绝使用学校毕业生”

C. “终身教育”“为未知社会培养新人”“社会拒绝使用学校毕业生”

D. “教育先行”“为未知社会培养新人”“社会拒绝使用学校毕业生”

【答案】D

【解析】《学会生存——教育世界的今天和明天》，又称《富尔报告》，是 20 世纪 70 年代，面对着科学技术革命与社会经济发展新形势向教育提出的挑战，国际教育委员会在经过一年多时间对世界教育的形势、观点和改革的调研后写成的一份报告。全书主要有 3 个部分，共九章，再加上一序两后记组成，是一部关于当代教育发展的宣言书。该书指出，第二次世界大战结束以来各国教育面临社会发展的新需求与挑战，存在三种普遍流行的现象："教育先行""教育预见——为未知社会培养新人""社会拒绝使用学校毕业生"。该书还提出了终生教育，学习化社会，教育民主化等重要观点。

7. 20世纪80年代，日本国会批准成立的日本教育改革领导机构是（　　）。[统考2015年研]

A. 中央教育审议会　　B. 临时教育审议会

C. 学生管理局　　D. 教学局

【答案】B

【解析】1980年代以来，日本教育改革的领导机构包括：1984年日本国会批准成立的"临时教育审议会"和1987年文部省成立的"教育改革推进本部"。

8. 20世纪70年代美国教育改革的主题之一是（　　）。[统考2015年研]

A. 追求优异　　B. 生计教育　　C. 提高效率　　D. 教育公平

【答案】B

【解析】生计教育是美国教育总署署长马兰于1971年开始倡导的一种教育，是20世纪70年代美国教育改革的主题之一。生计教育的实质是以职业教育和劳动教育为核心的适应瞬息万变的社会的教育，它要求以职业教育为中心重新建立教育制度。1974年美国国会通过《生计教育法》，采取实际步骤推行生计教育。它的实施把幼儿园、中小学、大专院校学生以及成人都作为教育对象，中小学阶段是生计教育重点实施阶段，又可细分为三个阶段：①1～6年级是使学生了解和选择职业阶段。②7～10年级为探索和学习阶段。③11～12年级是职业决定阶段。

二、名词解释

1. 改造主义教育[华中师范大学2005研]

答：改造主义教育是现代美国教育思想流派，是进步主义及实用主义教育思想的一个分支。面对20世纪30年代西方严重的经济危机、社会矛盾尖锐化的状况，改造主义教育家主张教育要更多强调社会中心和社会改造，少强调儿童中心和个人生长。其基本理论包括：①教育应该以"改造社会"为目标；②教育要重视培养"社会一致"精神；③强调行为科学对整个教育工作的指导意义；④教学上应该以社会问题为中心；⑤教师应进行民主的、劝说的教育。

2. 永恒主义教育[华中师范大学2004研]

答：永恒主义教育是现代西方教育哲学流派。代表古希腊时代以来西方最古老的教育哲学思想，但作为现代教育哲学的一个流派，产生于20世纪30年代。主要倡导者有赫钦斯、阿德勒、多琳、马里坦等。其基本观点包括：①教育的性质永恒不变；②教育的目的是要引出我们人类天性中共同的要素；③永恒的古典学科应该在学校课程中占有中心地位；④提倡通过教学进行学习。它作为一种教育哲学思想，在教育理论上有一定影响，但在教育实践中影响范围不大。其脱离现实社会的复古态度遭到了批评。

3. 终身教育[华东师范大学2011研；南京师范大学2010研]

答：终身教育是始于20世纪20年代，流行于20世纪60年代的国际教育思潮，与阶段性教育相对，主张教育应贯穿于人的一生中的各个年龄阶段，而不是只在儿童和青少年时代，代表人物是法国教育家朗格朗。终身教育指人们在一生中所受到的各种培养的总和。它包括各个年龄阶段的各种方式的教育，既有正规教育也有非正规教育；既有学校教育也有社会教育。终身教育对个体发展具有重要的意义：①作为革新时代经济、科技、文化、社会的迅速变化相适应的现代教育思想，能够推动社会持续高速地发展；②能够保证人的真正个性的发展和自我实现；③能够真正地实现教育机会均等，使教育成为实现社会平等和民主的一种强有力的手段。

三、简答题

简述改造主义教育思潮的基本观点。［统考 2017 年研］

答：改造主义教育思潮是在 20 世纪 30 年代从实用主义教育和进步教育中逐渐分化出来，到 50 年代形成的一种独立的教育思想。其基本观点主要包括五个方面：

(1) 教育应该以"改造社会"为目标。在改造主义教育家看来，当今人们正生活在一个人类历史上最大的危机时期。他们惊呼"世界危机""文化危机"，自称改造主义教育是"危机时代"的教育理论，能指导"社会改造"并能为社会的未来绘制蓝图。而教育的职责是设计并实现一种"理想社会"：具有美国式的民主政治制度、富裕的经济、发展的教育、繁荣的科学和艺术。他们还希望通过教育建"世界民主制度"，以实现全世界范围内的和谐的人类秩序。

(2) 教育要重视培养"社会一致"的精神。教育应该有一个清楚明白而又切合实际的社会目的，培养一种"社会一致"的精神。"社会一致"，是指不分阶级的人与人之间的合作关系，即通过共同协商而能消除阶级分歧的一致意见，不仅在口头上一致，而且在行动上一致。这是与创造未来理想社会密切相关的问题。

(3) 强调行为科学对整个教育工作的指导意义。改造主义教育家高度评价行为科学，甚至认为在行为科学中正出现革命，它应该成为改造教育的重要基础。

(4) 教学上应该以社会问题为中心。基于"社会改造"的目标，改造主义教育家强调首先应将课程与教学的目标统一于理想社会这一目标，并把社会问题作为中心。主张课程以人文社会学科为主，教学应以问题为中心，重视学科之间的联系。

(5) 教师应进行民主的、劝说的教育。改造主义教育家反对灌输式的教育和学习，强调教师应该通过民主的讨论、劝说教育，说服学生去"改造"他们所生活的社会，使学生坚信改造主义哲学，培养学生的"社会一致"的精神。

与实用主义教育和进步教育不同，改造主义教育更强调教育是"社会改造"的工具。尽管改造主义教育试图使学校教育更好地适应社会的需求和挑战，但它在教育实践中的影响并不大。其中的一些提法也不能自圆其说，因而在 1960 年代后受到了冷落。

四、论述题

1. 论终身教育思想的提出对学习型社会的意义。［华东师范大学 2004 研］

答：终身教育思想是始于 20 世纪 20 年代，流行于 60 年代的一种国际教育思潮，其主张教育应该贯穿于人的一生中的各个年龄阶段，而不只是在儿童和青少年时代。终身教育和终身学习是学习型社会的基石，从某种意义上说，终身教育是手段，倡导终身学习是目的；终身教育和终身学习协调配合，才能真正建立起学习型社会。其实际意义包括：

(1)终身教育对于实现教育机会均等和建立学习型社会具有积极意义，终身教育模式的确立有助于教育民主化。社会应该对每一个人受教育的权利提供终身保障，没有终身教育，也就不可能有任何真正的民主化，终身教育的发展预示着社会结构将朝着有利于个性发展的方向变化。

终身教育模式的确立也有助于冲破传统学校的僵化体制，从而采取灵活多样的组织形式、教学内容和教学手段。学校将成为为整个社会服务的教育和文化中心，而不再是与现实生活隔绝、只供一部分人使用的封闭区域。总之，按照"终身教育"的设想，从学校毕业将不再被看作教育的终结，而是新教育的开始，终身教育已经成为建立一个学习型社会的象征。旨在"学会生存""学会学习""学会关心"的终身教育理论和模式必将会改变世界教育的面貌。

(2)终身教育思想指引着学习型社会逐步从理想走向现实，终身教育思想的终身性强调使每个人所受的教育都不会终止于学校教育阶段，而是使其一生受到连续的教育，直至生命的终结。

终身教育强调全面性和自由性，教育和学习不再是单纯地传授知识，而是人的身心所有方面的全面发展，不再是从外部的强迫灌输的，而是自由的、根据个人需要和兴趣的。有机联系的、协调性的学习型社会，教育的场所、机构和组织不仅仅是学校，而是全社会构成一个教育和学习的整体，构成学习型社会或教育化社会，整个社会是一个协调性的互相联系的整体。其中所有部门、机构、企业、公司、学校等共同承担教育责任，教育的人力资源也不仅仅是教师，而是全社会的人，也包括教师、家长、医生、工程师、经理等等都是教育工作者。在终身教育思想的指导下，在学习型社会里，每个人享有在任何情况下都可以自由地取得学习、训练和培养自己的各种手段。

(3)实践终身教育的理想，实际上是要从创建学习型个人做起，到创建学习型家庭、学习型组织，进而把整个社会建设成为学习型社会。

终身教育强调从每个个体做起，努力增强培养良好的学习习惯和方法的能力，最终实现成为学习型个人的目标。终身教育的核心思想就是要求社会成员学会学习、不断学习，而这也正是创建学习型社会的根本要求。

终身教育强调终身学习，认为学习应该成为人们乃至整个社会的基本的生产方式和生活方式，这正体现了学习型社会的精神。在终身教育思想的引导下，人们对待学习已经从无意到有意，从被动到主动，从狭隘的、短期的行为转变为寻求知识、探索生命的自觉行为，并进而落实到每个人一生的自觉学习行动之中。教育已经从一种社会义务转变为人人应该享受的权利，社会的各个方面都在创造条件为学习者提供便利，社会的所有教育资源都向所有学习者开放。社会实行鼓励学习的政策，不仅重视学历文凭，更重视真才实学。学习活动已经从个体扩大到群体，社会的每个家庭和社会的各种组织都成为学习型家庭和学习型组织，学习型社会的理想逐步实现。

2. 简评永恒主义教育。[北京师范大学 2003 研]

答：永恒主义教育是新传统教育流派中的一支，主要代表人物主要有美国的赫钦斯、法国的阿兰等人。

（1）永恒主义教育的主要观点

①强调人的永恒本质和教育的永恒性质不变。永恒主义教育家基于古典实在论的哲学观点，认为宇宙中存在一种永恒的、绝对的、同一的实在，事物的变化被一种永恒的普遍法则所支配。他们认为人是理性的动物，而理性乃是人性中共同的最主要的永恒不变的特性，因此他们认为建立在永恒不变的人性基础上并为表现和发展这种人性的教育，在本质上也是不变的。他们认为每个时代、每个地方、对每个人的教育在本质上是一样的。

②认为教育的目的是引出人类天性中共同的要素。永恒主义教育家认为教育的首要目的是要引出人类天性中共同的要素，要对人施以“人性的教育”，以达到人性的“自我实现”，人的进步和完善。因此教育就是理性的培养，理性的培养对一切社会的一切人都同样是适用的。他们认为教育应该以发展人的理性和智慧为目标，把学生培养为有理性和负责精神的公民，而不能只为了适应现在的生活。

③提倡古典学科应在学校课程中占有中心地位。他们提倡由“永恒学科”组成的“永恒课程”。“永恒学科”实际上就是历代伟大思想家的伟大著作，尤其是经历许多世纪的古代名著，他们主张大学生必须阅读古代作家的名著，从中吸取永恒有用的东西，主张开设古典语言课程。

④提倡通过教师的教学促进学生的学习。永恒主义教育家认为应该通过教师的教学，激发学生的思维活动和理智训练。特别是在学习古典名著时，只有在教师的指导下，让学生总结阅读和讨论，才能使学生深刻理解名著的内容，并认定一些伟大的思想家作为自己的榜样，像他们那样思考。

（2）永恒主义教育的评析

永恒主义教育对进步教育的批评比要素主义更加激进，但从整体上看，它并未提出什么新的价值判断标准。永恒主义教育和要素主义教育都倾向于传统教育，但双方也有分歧，特别是在如何对待西方古典名著和现代科学技术知识的问题上存有异议。

作为一种教育哲学思想的永恒主义教育在教育理论上有一定影响，但在教育实践中的影响范围不大，主要局限于大学和上层知识界中的少数人。特别是永恒主义教育的复古态度，把学生的学习限于古典著作，因此遭到了许多人的批判，他们的思想和做法脱离了现实社会。

3. 试述评新传统教育派教育思想的形成背景及主要特点。

答：在西方教育史上，通常把以德国教育家赫尔巴特为代表的教育思想看作传统教育派，而“新传统教育派”是指在反对杜威实用主义教育哲学流派的进程中先后出现的“要素主义”“永恒主义”和“新托马斯主义”等几个教育哲学派别。

（1）新传统教育派教育思想的主要特点

①认为学校的基本任务是传授人类的文化遗产。针对于进步主义和改造主义的理论和实践，主张学校应该传授传统的文化知识，应将以往的名著和经典的知识作为教授的课程，让学生接受以往知识的间接经验，作为文化保存和传承而遗留下来，反对各式新教育中只以直接经验为主，忽视传统知识传授的做法。

②主张严格的智力训练。新传统教育认为只有通过传统的知识传授，进行理智的训练，

以培养学生的智力，才是教育的目标。反对新式教育中只重视儿童活动能力的训练，而忽视理智训练的做法。

③要求注重基础学科的学习。强调分科的学习，着重以各种学科知识为内容的学习，从而有步骤地掌握知识和间接经验，反对新式教育废除教科书的做法，认为只重视活动课程的学习不利于儿童接受系统的知识，使得知识的延续性减弱。

④强调天才教育和教师的权威作用。与新式教育中以儿童为中心的教育方针不一致，新传统教育强调教师在教学中的主动性和权威性，以教师的经验来指导学生的教学。此外，强调天才教育，与以往的教育形式不一致，是一种精英教育的模式。

(2)新传统派教育理论产生的历史背景

新传统派教育理论是20世纪20~30年代美国社会时代特征强烈影响教育领域的产物，是20世纪初西方资本主义社会严重的政治、经济危机在教育领域的集中反映。

①资本主义政治经济危机的影响

19世纪末20世纪初，资本主义实现了从自由竞争到垄断资本的历史性转变，伴随着这一转变，人们所期望的美好未来不但没有到来，相反却产生了一系列政治、经济、文化和道德的危机。为了摆脱危机，资产阶级思想家们不得不沉痛地回顾和反思历史，试图从历史中寻找资产阶级精神的精髓，寻找资本主义社会发展的新基础。可以说，摆脱危机、寻找出路，几乎构成了西方当代众多资产阶级思想流派得以产生和发展的根本动因。新传统派教育理论正是在这种动因的推动之下产生和发展的。

②现代教育理论思想的影响

20世纪前期，以杜威为代表的现代派教育理论几乎占据了美国教育理论界的主导地位。然而，在20~30年代的巨大社会危机中，在资产阶级思想家对资本主义文化的全面回顾和反思中，认为现代派教育理论所推行的一套漫无目的、杂无系统的课程、放任自由的教育方法以及缺乏严明纪律的学校秩序等，导致年轻一代价值观念的更加混乱和教育质量的严重下降，破坏了传统文化的稳定性。一批资产阶级教育思想家重新论证已为近代资产阶级传统教育所证实的各种教育原理，从而建立了新传统派教育理论。

第26章 发展中国家的教育

26.1 复习笔记

【知识框架(庖丁解牛)】

- 发展中国家的教育
  - 独立前的西方殖民教育
  - 独立后的教育改革和发展
    - 发展中国家的教育迫切需要改革的原因
    - 发展中国家教育改革与发展措施
  - 面对的主要问题

【考点归纳(游刃有余)】

考点一、独立前的西方殖民教育

表26－1 独立前的西方殖民教育

要点	具体内容
背景	西方殖民者自15世纪开始入侵亚、非和美洲，在这些殖民地或附属国进行经济掠夺和政治统治的同时也推行了一些殖民性质的教育措施
措施	①开办教会学校，宣扬教义，作为统治的社会基础。 ②成立专门机构管理殖民地教育，控制领导权。 ③原封不动地实施宗主国教育模式，强化宗主国语言和教学，否定当地文教传统。 ④推行种族隔离的教育制度，实行种族歧视
影响	①大量民众成为文盲。 ②适龄儿童大量失学和辍学。 ③教师严重短缺。 ④学校教学质量低下。 ⑤本地民族的优秀传统文化受到压抑和扭曲

考点二、独立后的教育改革和发展

1. 发展中国家的教育迫切需要改革的原因

(1)立足于发展经济的需要。

(2)将教育作为促进国家的政治稳定、团结统一和民主改革的重要手段。

(3)发挥教育在保持和弘扬本国传统文化方面的功能。

2. 发展中国家教育改革与发展措施

表 26－2 发展中国家教育改革与发展措施

措施	具体内容
努力扫除文盲	①印度成立“成人(社会)教育委员会”，致力于成人扫盲教育与研究。 ②埃及成立扫盲委员会，扩大初步教育，颁布《新扫盲法》。 ③阿根廷颁布《扫盲法》，持续开展全国性扫盲运动。 ④20 世纪 80 年代，发展中国家检讨过去扫盲的经验教训并对扫盲工作提出新的计划
普及初等义务教育	①联合国教科文组织制定亚洲《卡拉奇计划》、非洲《亚的斯亚贝巴计划》和拉美《圣地亚哥计划》，提出普及小学义务教育的建议。 ②亚太地区开会商讨教育改革和发展问题，关注女青少年入学、辍学率等问题。 ③拉美国家相继颁布普及初等义务教育的法令。 ④埃及在 80 年代的五年计划中实现了全部小学适龄儿童入学的目标
改革教育体制调整教育结构	①改革学制、建立统一的学校制度是发展中各国 60～70 年代教育改革的主要方面。 ②调整中等教育结构，加快发展职业技术教育。如埃及分设普通高中和专业高中，马来西亚和巴拿马在小学阶段设置职业技术科目等
着力培养师资	①新建或扩建师范教育机构，如坦桑尼亚、墨西哥等国大量兴建师范学校。 ②完善师资培养制度，如印度分设幼儿师范学校、中等师范学校和大学研究生院以培养不同的师资，提高师范生的待遇吸引优秀学生就读
大力发展高等教育	多数发展中国家在独立后都开办现代大学，增加学校数量和入学率，将高等教育培养出的高级人才作为政治独立的有力支柱
改革教学内容	①改用本族语教学，编写民族课本和参考书。 ②加强爱国主义教育，培养学生的民族意识，发展本民族文化。 ③加强价值观和公民意识教育。 ④加强科学技术教育
教育民主性改革	向非种族、非性别、非精英和民主的教育发展

考点三、面对的主要问题

表 26－3 面对的主要问题

要点	具体内容
原因	发展中国家生产力不够发达、国民生活水平低、教育投入不足、对教育研究重视不够
主要问题	①扫盲和普及初等教育仍需努力，扫盲率上升，文盲绝对数有增无减。 ②教育经费短缺，经济落后、支付能力弱的国家不能大幅度增加教育投入。 ③教师队伍仍不能适应社会发展的需要，数量不足、素质较差。 ④高等教育仍然失衡，内部结构不合时宜，人才不能满足现实需要

26.2　典型题(含考研真题)详解

简答题

1. 简述独立后印度的教育体制。

答： 独立后的印度推行义务教育体制，学校有四种管理类型，即国立学校、地方政府学校、受赞助私立学校和非受赞助私立学校。

(1)教育管理体制

①印度中央一级的教育管理部门为人力资源开发部的教育司，其活动除直接负责由它主办的各种计划外，还要负责各邦政府和中央直辖区教育计划的制订和贯彻以及教学大纲的指导工作，负责监督全国教育工作的进程。

②邦一级的地方教育主管部门为邦教育局，负责制订和执行邦内教育计划。

③印度有些邦的教育管理是由邦和县分别管理的二级体制，也有些甚至是三级或四级的管理体制。

(2)学制

20 世纪 60 年代中期，为了加强教育与社会、经济与人民生活的紧密联系，印度全国教育委员会提出了教育发展的“五点计划”。

①教育应与生产发展相适应。

②通过教育促进社会和民族的融洽。

③通过教育巩固印度的民主制度。

④通过教育提高社会道德水平。

⑤通过教育促进印度的现代化。

据此，印度 1968 年国家教育方针中确立了全国统一的学制，10 年的普通教育、2 年的高中教育和 3 年高等教育，即“10 +2 +3 型”学制。

(3)初等教育

①印度对接受前 10 年学校教育的所有学生都提供基础宽泛的普通教育，该阶段的课程是一致的，所有科目都是必修的。

②初级阶段的学习包括语言学习、环境学习、数学、劳动实践、艺术教育、卫生教育及体育。

③高小阶段的课程内容和授课过程是在巩固初小阶段学习成果的基础上，进一步深化、提高。

(4)中等教育

①使学生具备学习更高级课程的能力，为进入学院研修第一级学位做准备。

②为学生进入高级中等阶段职业学校做准备。

③为就业做准备。

(5)高等教育

①印度政府重视高等教育的发展，强调其在国民经济发展中的特殊性。早在 1948 年，独立后的印度就成立了大学教育委员会，制定了高等教育发展的基本方针：a. 大学前教育应达到 12 年，大学学位课程为 3 年；b. 大学应通过改善服务条件来增强教学的吸引力；

c. 专业教育应与实践密切结合；d. 建立中央拨款委员会；e. 学术界继续使用英语等。

②在 1951～1956 年的第一个五年计划期间，政府投入了 1.5 亿卢比，用于建立新的高等学校及对现有教育机构进行扩充和改造。

③印度鼓励大学为社会的贫困阶层建立专门的辅导和训练中心，要求大学拨款委员会和各大学相应的计划中包括两个发展贱民种姓和贱民部落的专门性计划，从而推动了印度高等教育的大众化发展。

④印度通过教育重建，建立了完善的教育体制，发展了各级各类教育，为印度的发展做出了贡献。尤其是高等教育，在世界上具有一定的影响。

2. 简述非洲与拉美独立后的教育状况。

答：(1)独立后的非洲教育重建

①1961 年，联合国教科文组织在亚的斯亚贝巴召开了教育大会，这是非洲教育工作者第一次自己来决定非洲未来的教育发展。

②二战后的非洲教育改革以埃及为中心。埃及政府非常重视教育的发展，在战后建立了初等教育免费制，加强了扫盲工作，在开罗创办了第二所大学，扩大了高等教育人数；此外，政府开始重视职业教育的发展，职业教育学校学生人数也有了大幅提升。

③非洲的教育重建为非洲国家的独立和发展做出了重要贡献，为非洲人民的教育进步做出了重要贡献。

(2)独立后的拉美教育重建

这一时期，一些拉美国家的教育改革主要表现在以下几方面。

①重视幼儿教育，如智利政府将学前教育纳入了公立小学教育系统，为 6 岁以下幼儿提供早期教育。

②延长义务教育年限，进行学制改革、扩大义务教育的范围、提前入学年龄。

③积极发展职业教育，重视中等教育同职业教育相结合，并着力发展职业技术学校。

④多样化发展高等教育：a. 在原旧大学中增设自然科学专业，同时创建大批综合性理工科大学和单科专业学院，积极培养国家建设中所急需的技术人才；b. 扩大大学教学范围，增加招生名额。通过举办夜校等方式，进行灵活多样的办学形式改革；c. 加强研究生的培养，发展尖端科学。

⑤开展制度化成人教育：a. 成立专门机构，加强成人教育立法；b. 开展电化教育；c. 企业培训。